月　日

小学英語の復習①

アルファベット

点

合格点：80点／100点

1 アルファベットの順になるように，（　）に大文字を入れなさい。（2点×15）

(1) A（　　）C（　　）（　　）F（　　）

(2) H（　　）（　　）（　　）L（　　）N

(3) （　　）P（　　）（　　）S（　　）U

(4) V（　　）（　　）（　　）Z

2 アルファベットの順になるように，（　）に小文字を入れなさい。（2点×15）

(1) a（　　）（　　）d（　　）（　　）g

(2) h（　　）j（　　）（　　）m（　　）

(3) o（　　）（　　）r（　　）t（　　）

(4) （　　）w（　　）y（　　）

3 次のアルファベットの大文字を小文字になおしなさい。（2点×10）

(1) A（　　）　(2) D（　　）

(3) F（　　）　(4) H（　　）

(5) K（　　）　(6) L（　　）

(7) M（　　）　(8) P（　　）

(9) R（　　）　(10) Y（　　）

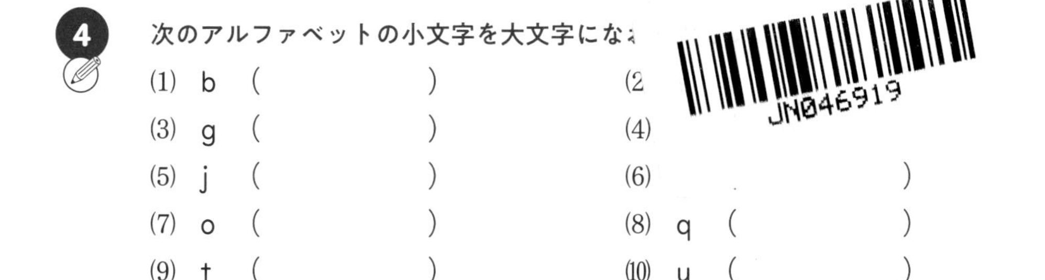

4 次のアルファベットの小文字を大文字にな

(1) b（　　）　(2

(3) g（　　）　(4)

(5) j（　　）　(6)　　）

(7) o（　　）　(8) q（　　）

(9) t（　　）　(10) u（　　）

得点UP

❷ 小文字では，hとn，mとn，bとd，pとq，uとvなど，**似ている文字**に注意する。

❸❹ 大文字と小文字では，Cとc，Oとo，Sとsのように，**形は同じでも大きさや高さがちがう**ものに注意。

START　GOAL

No. 02

小学英語の復習②

あいさつ

月　日

点

合格点：80点／100点

1　(　　)に適する語を，下の[　　]内から選んで入れなさい。(10点×4)

(1) (　　　　　), everyone.　(こんにちは，みなさん。)

(2) (　　　　　) afternoon, Ms. Miller.　(〈午後に〉こんにちは，ミラー先生。)

(3) (　　　　　) you tomorrow.　(〈別れぎわに〉また明日。)

(4) *A*：(　　　　　) you very much.　(どうもありがとう。)

B：You're welcome.　(どういたしまして。)

[good　thank　hello　see]

2　会話文が完成するように，(　　)に適する応答を下の[　　]から選んで記号を書きなさい。(12点×5)

(1) *A*：Good morning, Ann.　(おはよう，アン。)

B：(　　　　　)　(おはよう。)

(2) *A*：Goodbye, Andy.　(さようなら，アンディー。)

B：(　　　　　)　(ではまたあとで。)

(3) *A*：How are you?　(お元気ですか。)

B：(　　　　　)　(元気です。)

(4) *A*：Excuse me. Are you Mike?　(すみません。マイクですか。)

B：No, I'm not.　(いいえ，ちがいます。)

A：Oh. (　　　　　)　(あっ。すみません。)

(5) *A*：Hi, Miki. Nice to meet you.

(こんにちは，美紀。はじめまして。)

B：Hi, Lisa. (　　　　　)

(こんにちは，リサ。こちらこそはじめまして。)

[ア Nice to meet you, too.　イ See you later.
ウ I'm fine.　エ Good morning.　オ I'm sorry.]

得点UP

❶ 文の最初の文字は大文字で書く。

❷ (2)別れるときのあいさつで，see(会う)を使った表現。

START　GOAL

月　　日

be動詞の文①

I am ~. / You are ~.

点

合格点：80点／100点

1 (　)内から適する語を選び，◯で囲みなさい。 (6点×4)

(1) I (am, are) Kato Ken. (私は加藤健です。)

(2) You (am, are) Ms. Green. (あなたはグリーン先生です。)

(3) (I, You, You're) Lisa. (あなたはリサです。)

(4) (I, I'm, You) a soccer fan. (私はサッカーのファンです。)
ファン

2 日本文に合うように，(　)に適する語を入れなさい。 (6点×8)

(1) こんにちは。私は一郎です。

Hi. (　　　) (　　　) Ichiro.

(2) 私は学生です。

(　　　) (　　　) student.

(3) あなたは音楽の先生です。

(　　　) (　　　) a music teacher.

(4) あなたはカナダ出身です。

You (　　　) (　　　) Canada.

3 日本文に合う英文になるように，(　)内の語句を並べかえなさい。 (8点)

私は中学生です。 (a, student, school, junior high, I'm)

____

4 日本文の意味を表す英文を書きなさい。 (10点×2)

(1) 私は鈴木幸太(Suzuki Kota)です。

____

(2) あなたはテニスがじょうずですね。

____

得点UP

2 (2) student の前には，「**1人の**」**の意味を表す語**が必要。空所の数から I am は短縮形を使う。

4 (2)「じょうずな」は good で表す。「あなたはじょうずなテニスプレイヤーですね。」という文に。

START　GOAL

be動詞の文②

Are you ~? / I'm not ~.

月　日

点

合格点：76 点／100 点

1 （　）に適する語を入れて，日本文に合う英文にしなさい。 (6点×5)

(1) (　　　　) (　　　　) Nancy?　(あなたはナンシーですか。)

(2) (　　　　) (　　　　) Shin.　(私は慎ではありません。)

(3) (　　　　) not a teacher.　(あなたは先生ではありません。)

2 （　）に適する語を入れて，会話文を完成しなさい。 (6点×4)

(1) *A*：Are you a soccer fan, Jiro?
B：Yes, (　　　　) (　　　　). I'm a tennis fan, too.（too：～もまた）

(2) *A*：Are you from America?
B：No, (　　　　) (　　　　). I'm from Australia.

3 日本文に合う英文になるように，（　）内の語を並べかえなさい。 (8点×2)

(1) あなたは中学生ですか。 (student, school, you, high, a, junior, are)

____

(2) 私は大阪出身ではありません。 (not, Osaka, from, I'm)

____

4 〔　〕内の語句を使って，日本文の意味を表す英文を書きなさい。 (10点×3)

(1) 私は高校生ではありません。 〔a high school student〕

____

(2) あなたは久美(Kumi)の妹ですか。 〔sister〕

____

(3) あなたは背が高くありません。 〔tall〕

____

得点UP

2 (1)問いの文の主語 you(**あなたは**)は，答えの文では「**私は**」の意味の語にかわる。

4 (2)「久美の」は Kumi's で表す。

No. 05

月　日

be動詞の文③

This [That] is ～.

点

合格点：78点／100点

1 (　　)に適する語を，下の[　　]内から選んで入れなさい。 (4点×8)

(1) (　　　　) is a bus.（バス） (これはバスです。)

(2) (　　　　) is Ken's dog. (あれは健の犬です。)

(3) This (　　　　) a big（大きい） park. (これは大きい公園です。)

(4) This is (　　　　) room. (これは私の部屋です。)

(5) (　　　　) (　　　　) notebook. (あれはあなたのノートです。)

(6) This is (　　　　) cute（かわいい） cat. (これはかわいいネコです。)

(7) That's (　　　　) old（古い） house. (あれは古い家です。)

[this　that　that's　a　is　an　my　your]

2 日本文に合うように，(　　)に適する語を入れなさい。 (6点×8)

(1) これは私のコンピューターです。

(　　　　) (　　　　) my computer.

(2) あれはメグのかばんです。

(　　　　) (　　　　) Meg's bag.

(3) あれはあなたの学校です。

(　　　　) (　　　　) school.

(4) こちらは私の母です。

(　　　　) (　　　　) my mother.

3 日本文に合う英文になるように，(　　)内の語を並べかえなさい。 (10点×2)

(1) これは新しい車です。 (car, a, is, this, new)

____

(2) あちらは由紀のお姉さんです。 (sister, is, that, Yuki's)

____

得点UP

1 (7) **old は母音**（「アイウエオ」に似た音）**で始まる**語。

2 (4)「こちらは～です」のように近くにいる**人を紹介する**ときも，**this is** を使う。

No. 06

月　日

be動詞の文④

Is this ~? / This is not ~.

点

合格点：74 点／100 点

1 (　　)に適する語を入れて，日本文に合う英文にしなさい。 (6点×4)

(1) (　　　　　) this your bike[自転車]?　(これはあなたの自転車ですか。)

(2) Is (　　　　　) a park[公園]?　(あれは公園ですか。)

(3) This is (　　　　　) my book.　(これは私の本ではありません。)

(4) That (　　　　　) Bill.　(あちらはビルではありません。)

2 (　　)に適する語を入れて，会話文を完成しなさい。 (6点×6)

(1) *A*：Is that a school?

B：No, (　　　　　) not. (　　　　　) a hospital[病院].

(2) *A*：Oh, what[なんて] a big dog! Is this your dog, Emi?

B：(　　　　　), (　　　　　) is.

A：(　　　　　) that your dog, too[～もまた]?

B：No, it (　　　　　). It's Yumi's dog.

3 日本文に合う英文になるように，(　　)内の語を並べかえなさい。 (10点×2)

(1) あちらはあなたのお姉さんですか。 (sister, that, your, is)

____

(2) これは私のかばんではありません。 (not, bag, is, my, this)

____

4 〔　　〕内の語を使って，日本文の意味を表す英文を書きなさい。 (10点×2)

(1) あれが久美(Kumi)の家ですか。 〔house〕

____

(2) これは私の大好きなチームではありません。 〔favorite, team〕

____

得点UP

2 (1) No で答えたあとに「それは～です」のように説明する文が続く形。短縮形に注意。

4 (2)「大好きな」は favorite。

START　GOAL

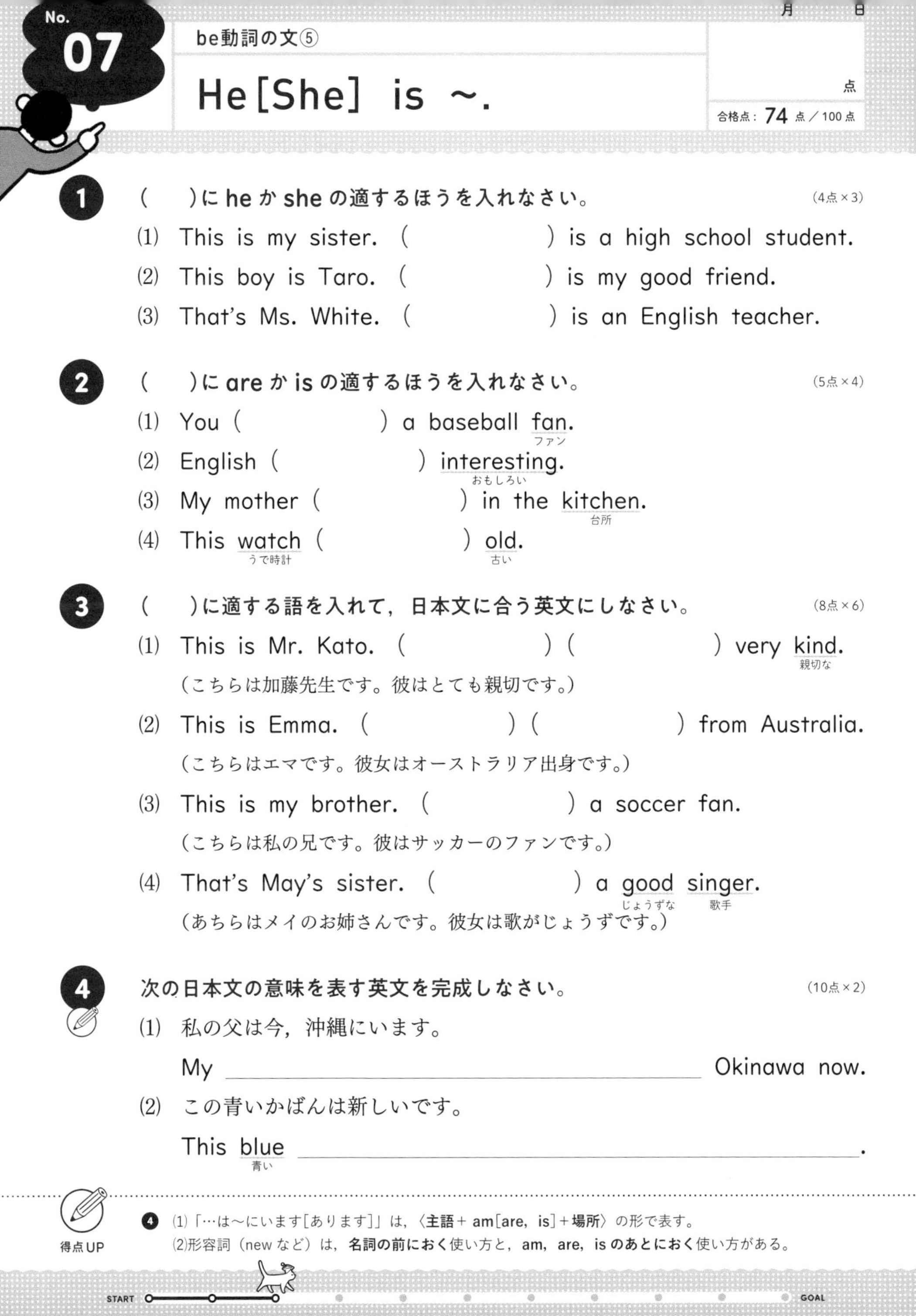

No. 07

be動詞の文⑤

He [She] is ~.

月　日

点

合格点：74 点／100 点

1 （　）に he か she の適するほうを入れなさい。 (4点×3)

(1) This is my sister. (　　　) is a high school student.

(2) This boy is Taro. (　　　) is my good friend.

(3) That's Ms. White. (　　　) is an English teacher.

2 （　）に are か is の適するほうを入れなさい。 (5点×4)

(1) You (　　　) a baseball fan.（ファン）

(2) English (　　　) interesting.（おもしろい）

(3) My mother (　　　) in the kitchen.（台所）

(4) This watch（うで時計） (　　　) old.（古い）

3 （　）に適する語を入れて，日本文に合う英文にしなさい。 (8点×6)

(1) This is Mr. Kato. (　　　) (　　　) very kind.（親切な）
（こちらは加藤先生です。彼はとても親切です。）

(2) This is Emma. (　　　) (　　　) from Australia.
（こちらはエマです。彼女はオーストラリア出身です。）

(3) This is my brother. (　　　) a soccer fan.
（こちらは私の兄です。彼はサッカーのファンです。）

(4) That's May's sister. (　　　) a good（じょうずな） singer（歌手）.
（あちらはメイのお姉さんです。彼女は歌がじょうずです。）

4 次の日本文の意味を表す英文を完成しなさい。 (10点×2)

(1) 私の父は今，沖縄にいます。

My ______________________ Okinawa now.

(2) この青いかばんは新しいです。

This blue（青い） ______________________.

得点UP

4 (1)「…は～にいます[あります]」は，〈**主語＋am[are, is]＋場所**〉の形で表す。
(2)形容詞（new など）は，**名詞の前におく**使い方と，**am, are, is のあとにおく**使い方がある。

START　GOAL

月　日

be動詞の文⑥

Is he ~? / He is not ~.

点

合格点：75 点／100 点

1 (　　)内から適する語を選び，◯で囲みなさい。 (4点×6)

(1) (Are, Is) Miki your classmate?（クラスメート）

(2) Fred (isn't, aren't) from America.

(3) (Are, Is) Ms. Oka a teacher? —Yes, (I, it, he, she) is.

(4) (Are, Is) that boy your friend? —No, (I, you, he, she) isn't.

2 (　　)に適する語を入れて，会話文を完成しなさい。 (6点×4)

(1) *A*：Is Yuki your sister?

B：Yes, (　　　　) is. (　　　　) ten years old.（〜歳）

(2) *A*：Is Ken from Osaka?

B：No, he (　　　　). (　　　　) from Nagoya.

3 日本文に合うように，(　　)に適する語を入れなさい。 (7点×4)

(1) グリーン先生は私たちの英語の先生ではありません。

Ms. Green (　　　　) (　　　　) our English teacher.（私たちの）

(2) あの少年は新入生ですか。

(　　　　) that boy a new student?

(3) サッカーは中国で人気がありますか。

(　　　　) soccer popular in China?（人気のある）（中国）

4 〔　　〕内の語を使って，日本文の意味を表す英文を書きなさい。 (12点×2)

(1) 彼女はカナダ出身ですか。〔Canada〕

____

(2) 私のおじは今，仙台(Sendai)にいません。〔uncle〕

______________________________ now.

得点UP

2 答えの文のあとの空所には，**He is，She is の短縮形**が入る。

4 (2)「**いる，ある**」の意味を表すには be 動詞を使う。主語は my uncle なので be 動詞は is に。

START　GOAL

月　日

What is ～? / Who is ～?

点

合格点：74 点／100 点

1 （　　）に適する語を入れて，日本文に合う英文にしなさい。 （6点×6）

(1) （　　　　）（　　　　）this? （これは何ですか。）
— It's a cup（カップ）. （それはカップです。）

(2) （　　　　）（　　　　）that boy? （あの少年はだれですか。）
— He's Masao. （彼は正夫です。）

(3) （　　　　）that? （あれは何ですか。）

(4) （　　　　）that girl? （あの少女はだれですか。）

2 次の疑問文の答えとして適するものを選び，（　　）に記号を書きなさい。 （4点×4）

(1) Is this your bag? （　　） ア Yes, she is.

(2) What's this? （　　） イ She's Yumi.

(3) Is she Yumi's mother? （　　） ウ No, it's not.

(4) Who is she? （　　） エ It's a computer.

3 （　　）に適する語を入れて，会話文を完成しなさい。 （6点×4）

(1) *A*：Is that a school?
B：No, it isn't.
A：（　　　　）（　　　　）it?
B：It's a hotel.

(2) *A*：Is this boy your brother?
B：No, he isn't.
A：（　　　　）（　　　　）he?
B：He's my friend.

4 日本文の意味を表す英文を書きなさい。 （12点×2）

(1) これは何ですか。

____

(2) あの女性はだれですか。

____

得点UP

2 (2)(4) What ～? や Who ～? には **Yes, No は使わずに**，物や人を具体的に答える。

4 (2)「女性」＝ woman。

START　GOAL

まとめテスト①

月　日

点

合格点：80点／100点

1 (　　)に適する語を入れて，日本文に合う英文にしなさい。 (4点×10)

(1) (　　　　　) (　　　　　) Kumi.　(私は久美です。)

(2) (　　　　　) (　　　　　) from Kobe?　(あなたは神戸出身ですか。)

(3) Ms. Green (　　　　　) a teacher.　(グリーンさんは先生です。)

(4) (　　　　　) (　　　　　) my bag.　(これは私のバッグです。)

(5) (　　　　　) (　　　　　) a tennis fan.　(彼はテニスのファンです。)

(6) (　　　　　) Hikaru your friend?　(光はあなたの友だちですか。)

2 (　　)に適する語を入れて，会話文を完成しなさい。 (4点×7)

(1) *A*：Is that your bike?
B：(　　　　　), it (　　　　　). It's my new bike.

(2) *A*：(　　　　　) (　　　　　) that girl?
B：She's my sister. She's an elementary school (小学校) student.

(3) *A*：Are you from America, Emily?
B：No, (　　　　　) (　　　　　). I'm from Canada.

(4) *A*：(　　　　　) your favorite (大好きな) subject (教科), Jun?
B：Science. It's very interesting (おもしろい).

3 日本文の意味を表す英文を書きなさい。 (8点×4)

(1) あなたは中学生ですか。

(2) これは何ですか。

(3) 私は中国出身ではありません。

(4) あの少年はだれですか。

一般動詞の文①

I like ~. / You play ~.

月　日

点

合格点：80点／100点

1 日本語の意味を表す英語を書きなさい。（5点×8）

(1) 住む，暮らす（　　　）　(2) 走る（　　　）
(3) 知っている（　　　）　(4) 勉強する（　　　）
(5) 行く（　　　）　(6) 手伝う（　　　）
(7) 使う（　　　）　(8) 来る（　　　）

2 日本文に合うように，（　　）に適する語を入れなさい。（6点×7）

(1) 私は音楽が好きです。私はギターをひきます。
I（　　　）music. I（　　　）the guitar.

(2) あなたは新しいコンピューターを持っています。
You（　　　）a new computer.

(3) 私は毎週土曜日にテニスをします。
I（　　　）tennis every（毎～）Saturday.

(4) 私には仲のよい友だちがいます。
I（　　　）a good friend.

(5) あなたは日本語をとてもじょうずに話します。
You（　　　）Japanese very well.

(6) 私は毎朝歩いて学校へ行きます。
I（　　　）to school every morning.

3 日本文に合う英文になるように，（　　）内の語を並べかえなさい。（9点×2）

(1) 私は夕食後にテレビを見ます。（dinner, TV, watch, after, I）

____

(2) あなたは野球がじょうずですね。（baseball, play, well, you）

____

得点UP

2 (4)「友だちがいる」は「友だちを**持っている**」と考える。
3 (1)「夕食**後に**」＝ **after** dinner。

No. 12

一般動詞の文②

Do you ～?

月　日

点

合格点：75 点／100 点

1 （　）内から適する語を選び，◯で囲みなさい。 (4点×4)

(1) (Are, Is, Do) you know this song? (あなたはこの歌を知っていますか。)
　—Yes, I (am, is, do). (はい，知っています。)

(2) (Are, Is, Do) you Ms. Green? (あなたはグリーン先生ですか。)
　—Yes, I (am, is, do). (はい，そうです。)

2 日本文に合うように，（　）に適する語を入れなさい。 (6点×7)

(1) あなたは毎日英語を勉強しますか。
(　　　) you (　　　) English every day?

(2) あなたは水曜日に公園へ行きますか。
(　　　) you (　　　) to the park on Wednesdays?

(3) あなたは将棋をしますか。—はい，します。
(　　　) you (　　　) *shogi*? —Yes, I (　　　).

3 （　）に適する語を入れて，会話文を完成しなさい。 (5点×4)

(1) *A*: Do (　　　) speak Japanese?
B: Yes, I (　　　).

(2) *A*: Do you walk to school?
B: (　　　), I (　　　). I go to school by bike.（by bike：自転車で）

4 〔　〕内の語句を使って，日本文の意味を表す英文を書きなさい。 (11点×2)

(1) あなたはペットを飼っていますか。〔have, a pet〕

____

(2) あなたは自分の部屋を毎日そうじしますか。〔clean, your room, every〕

____

得点UP

❶ be 動詞の文か一般動詞の文かを見きわめる。(2)は主語 you のあとに動詞がないことにも注目する。

❷ (2)「行く」は go を，(3)「(ゲームなどを)する」は play を使う。

START　GOAL

No. 13

一般動詞の文③

月　日

I don't ～. / You don't ～.

点

合格点：80 点／100 点

1 （　　）内から適する語を選び，〇で囲みなさい。 （5点×4）

(1) I (not, aren't, don't) like *natto*.

(2) You (aren't, don't, not) busy.

(3) I'm (don't, aren't, not) a student.

(4) You (aren't, don't, not) have a big bag.

2 日本文に合うように，（　　）に適する語を入れなさい。 （6点×8）

(1) 私は犬を飼っていません。

I (　　　　) (　　　　) have a dog.

(2) 私はコーヒーを飲みません。

(　　　　) (　　　　) drink coffee.

(3) 私はこのコンピューターを使いません。

I (　　　　) (　　　　) this computer.

(4) 私はバスケットボールをしません。

I (　　　　) (　　　　) basketball.

3 日本文に合う英文になるように，（　　）内の語を並べかえなさい。 （8点）

私はあなたの名前を知りません。 (name, know, your, don't, I)

____

4 〔　　〕内の語句を使って，日本文の意味を表す英文を書きなさい。 （12点×2）

(1) 私は週末はテレビを見ません。〔 watch, on weekends 〕

____

(2) 私は高校生ではありません。〔 a high school student 〕

____

得点UP

4 (1)動詞 watch(～を見る)があるので**一般動詞の否定文**にする。
(2)「～ではありません。」という意味の **be 動詞の否定文**にする。

START　GOAL

一般動詞の文④

What do you ～?

点

合格点：78 点／100 点

1 （　）内から適する語を選び，○で囲みなさい。（4点×3）

(1) What (is, are, do) that? ―It's a school.

(2) I like soccer. What (is, are, do) you like? ―I like tennis.

(3) (What, Who) do you want? ―I want a new bike.
ほしい

2 日本文に合うように，（　）に適する語を入れなさい。（6点×9）

(1) あなたは何のスポーツをしますか。
(　　　) sports (　　　) you play?

(2) あなたは夕食前に何を勉強しますか。
What (　　　) you (　　　) before dinner?
～の前に

(3) あなたは日曜日には何をしますか。
What (　　　) you (　　　) on Sundays?

(4) あなたはテレビで何を見ますか。
(　　　) (　　　) you (　　　) on TV?

3 日本文に合う英文になるように，（　）内の語を並べかえなさい。（10点）

あなたはバッグの中に何を入れているのですか。
(bag, do, your, you, what, in, have)

____

4 〔　〕内の語句を使って，日本文の意味を表す英文を書きなさい。（12点×2）

(1) あなたは放課後に何をしますか。〔 what, after school 〕

____

(2) あなたは朝食に何を食べますか。〔 have, breakfast 〕

____

得点UP

2 (1) 〈**what ＋名詞**〉の形で，「**何の［どんな］～**」の意味を表す。
(3)「**する**」という意味の動詞 **do** を使う。

No. 15

一般動詞の文

まとめテスト②

点

合格点：75 点／100 点

1 （　）に適する語を入れて，日本文に合う英文にしなさい。（3点×10）

(1) (　　　　) (　　　　) a brother.（私には兄が１人います。）

(2) (　　　　) you (　　　　) English?（あなたは英語を話しますか。）

(3) I (　　　　) to school every day.（私は毎日歩いて学校へ行きます。）

(4) I (　　　　) (　　　　) math.（私は数学が好きではありません。）

(5) I (　　　　) TV after dinner.（私は夕食後テレビを見ます。）

(6) (　　　　) you (　　　　) up early?（あなたは早く起きますか。）

2 （　）に適する語を入れて，会話文を完成しなさい。（4点×9）

(1) *A*：(　　　　) (　　　　) like Japanese food, Ann?
B：Yes, I (　　　　). I often（しばしば，よく） eat sushi.

(2) *A*：What (　　　　) you have in your hand（手）, Ken?
B：(　　　　) (　　　　) a racket（ラケット）.

(3) *A*：(　　　　) you know this song（歌）, Maki?
B：No, (　　　　) (　　　　), but（しかし） I like it.

3 〔　〕内の語句を使って，日本文の意味を表す英文を書きなさい。（8点×3）

(1) あなたは毎週日曜日に自分の部屋をそうじしますか。〔clean, your room〕
＿＿＿＿＿＿＿＿＿＿＿＿＿＿ every Sunday?

(2) 私はギターはひきません。〔play, the guitar〕
＿＿＿＿＿＿＿＿＿＿＿＿＿＿

(3) あなたは放課後に何を勉強するのですか。〔what, study〕
＿＿＿＿＿＿＿＿＿＿＿＿＿＿ after school?

4 次の日本文の意味を表す英文を書きなさい。（10点）

あなたはバスで学校へ来ますか。

＿＿＿＿＿＿＿＿＿＿＿＿＿＿

START　GOAL

No. 16

疑問詞①

What time[day] ~? など

点

合格点：75 点／100 点

1 日本文に合うように，(　　)に適する語を入れなさい。 (5点×8)

(1) ロンドンでは何時ですか。

What (　　　　) is (　　　　) in London?

(2) あなたはたいてい何時に寝ますか。

(　　　　) time (　　　　) you usually go to bed?

(3) 今日は何曜日ですか。

What (　　　　) is (　　　　) today?

(4) 今日は何月何日ですか。

(　　　　) the (　　　　) today?

2 (　　)に適する語を入れて，会話文を完成しなさい。 (5点×8)

(1) *A*：(　　　　) (　　　　) is it today?

B：It's Friday.

(2) *A*：(　　　　) (　　　　) is it now?

B：It's 3:45.

(3) *A*：(　　　　) (　　　　) do you get up every day?

B：I usually get up at 6:30.

(4) *A*：(　　　　) (　　　　) date today?

B：It's September 16.

3 日本文の意味を表す英文を書きなさい。 (10点×2)

(1) 日本は今，何時ですか。

______________________________ now?

(2) あなたは何時に朝食を食べますか。

____

得点UP

1 (1)(3)時刻や曜日を表したりたずねたりする文では，**it を主語**にする。

3 どちらも**時刻をたずねる疑問文**にする。(1) be 動詞の疑問文，(2)一般動詞の疑問文。

START　GOAL

疑問詞②

Where ～? / When ～?

月　日

点

合格点：75 点／100 点

1 日本文に合うように，(　　)に適する語を入れなさい。 (5点×8)

(1) 私のバッグはどこにありますか。

(　　　　　) (　　　　　) my bag?

(2) あなたはどこでサッカーをしますか。

(　　　　　) (　　　　　) you play soccer?

(3) あなたの誕生日はいつですか。

(　　　　　) (　　　　　) your birthday?
誕生日

(4) あなたはいつ図書館に行きますか。

(　　　　　) (　　　　　) you go to the library?
図書館

2 (　　)に適する語を入れて，会話文を完成しなさい。 (5点×6)

(1) *A*：(　　　　　) (　　　　　) you eat lunch?

B：We eat lunch in the classroom.

(2) *A*：(　　　　　) (　　　　　) you go swimming?
泳ぎに行く

B：I usually go swimming on Wednesdays and Saturdays.

(3) *A*：(　　　　　) (　　　　　) your dog?

B：My dog is over there.
向こうに，あそこに

3 日本文の意味を表す英文を書きなさい。 (10点×3)

(1) 彼女はどこの出身ですか。

____

(2) あなたはどこでテニスの練習をしますか。

____

(3) あなたはいつテレビを見ますか。

____

得点UP

❸ (1)(2)「どこ」は where を使ってたずねる。
(3)「いつ」は when を使ってたずねる。

START　GOAL

No. 18

疑問詞③

How ～?

点

合格点：72 点／100 点

1 日本文に合うように，(　　)に適する語を入れなさい。 (5点×8)

(1) あなたはどんなふうに中国語を勉強しますか。

(　　　　　) (　　　　　) you study Chinese?（中国語）

(2) 福岡の天気はどうですか。

(　　　　　) (　　　　　) the weather in Fukuoka?（天気）

(3) この橋はどれくらいの長さですか。

(　　　　　) (　　　　　) is this bridge?（橋）

(4) 私はスポーツが大好きです。あなたはどうですか。

I like sports very much. (　　　　　) (　　　　　) you?

2 (　　)に適する語を入れて，会話文を完成しなさい。 (6点×6)

(1) *A*：(　　　　　) (　　　　　) is your dog?

B：He's two years old.

(2) *A*：(　　　　　) (　　　　　) is this jacket?（ジャケット）

B：It's seven thousand yen.（1000(の)）（円）

(3) *A*：(　　　　　) is your mother?

B：She's fine, thank you.

(4) *A*：(　　　　　) do you say "monkey" in Japanese?

B：We say "*saru*."

3 日本文の意味を表す英文を書きなさい。 (12点×2)

(1) 彼の学校は創立何年ですか。

____

(2) あなたはどうやって学校に来ますか。

____

得点UP

2 (1)「年齢」を答えている。(2)「値段」を答えている。(3)「健康状態」を答えている。

3 (1)「創立何年ですか」は「どのくらい古いですか」と考える。

START　　　GOAL

疑問詞④

Which ～? / Whose ～?

月　日

点

合格点：78 点／100 点

1 日本文に合うように，(　　)に適する語を入れなさい。 (5点×6)

(1) どちらの少年が健ですか。 ―こちらの少年です。
(　　　　　) boy is Ken? ―This one is.

(2) これはだれの自転車ですか。 ―トム(Tom)のです。
(　　　　　) bike is this? ―It's (　　　　　).

(3) あなたはどちらがほしいですか，こちらですか，それともあちらですか。
(　　　　　) do you want, this one or that one?

(4) この本はだれのですか。 ―私のです。
(　　　　　) book is this? ―It's (　　　　　).

2 (　　)に適する語を入れて，会話文を完成しなさい。 (6点×8)

(1) *A*：(　　　　　) computer (　　　　　) this?
B：It's my father's.

(2) *A*：(　　　　　) (　　　　　) your dog?
B：That small one is.

(3) *A*：(　　　　　) racket (　　　　　) that?
B：It's my sister's.

(4) *A*：(　　　　　) (　　　　　) you want, cake or ice cream?
B：I want ice cream.

3 日本文の意味を表す英文を書きなさい。 (11点×2)

(1) あれはだれのギターですか。

____

(2) どちらがあなたの車ですか。

____

得点UP

❷ (2)答えの文の one は「もの」の意味で，問いの文の名詞 dog をさしている。
❸ (1)所有者をたずねる文。Whose ～ ? を使う。

まとめテスト③

1 (　　)内から適する語を選び，○で囲みなさい。 (5点×8)

(1) (Who, What) do you do after school? —I play tennis.

(2) (When, How) do you come to school? —By bus.

(3) (What, When) day is it today? —It's Tuesday.

(4) How (many, much, old) is this shirt? —Ten dollars.
　shirt: シャツ　dollars: ドル

(5) (When, Where, How) is the weather? —It's sunny.
　sunny: 晴れた

(6) (What, When, Who) is your sister's name? —Her name is Aki.

(7) Whose pen is this? —It's (I, my, mine).

(8) Whose bike is this? —It's my (his, father, father's).

2 (　　)に適する語を入れて，会話文を完成しなさい。 (5点×12)

(1) *A* : (　　　　　　) car (　　　　　　) that?
　B : It's my brother's.

(2) *A* : (　　　　　　) do you watch TV?
　B : I usually watch TV after dinner.

(3) *A* : (　　　　　　) (　　　　　　) you like Kyoto?
　B : I like it very much.

(4) *A* : (　　　　　　) (　　　　　　) your mother?
　B : She's in the kitchen.

(5) *A* : (　　　　　　) (　　　　　　) is it in London?
　B : It's three in the afternoon.

(6) *A* : (　　　　　　) (　　　　　　) is this notebook?
　B : It's two hundred yen.

(7) *A* : (　　　　　　) do you have for breakfast?
　B : I usually have toast.
　toast: トースト

複数の文①

名詞の複数形／冠詞

月　日

点

合格点：74点／100点

1 次の語の複数形を書きなさい。 (4点×6)

(1) boy (　　　)
(2) orange (　　　)
(3) student (　　　)
(4) city (　　　) 市，都市
(5) country (　　　) 国
(6) bus (　　　) バス

2 (　)に a, an, the のいずれかを入れて，日本文に合う英文にしなさい。 (4点×3)

(1) I have (　　　) book. (私は本を1冊持っています。)
(2) (　　　) book is interesting. (その本はおもしろいです。) おもしろい
(3) I want (　　　) apple. (私はりんごが1つほしいです。)

3 日本文に合うように，(　)に適する語を入れなさい。 (5点×8)

(1) 私には兄弟が2人います。
I have (　　　) (　　　).

(2) 私たちは今日英語の授業が3時間あります。　授業：class
We have (　　　) English (　　　) today.

(3) あなたには日本人の友だちが何人かいますか。
Do you have (　　　) Japanese (　　　)?

(4) 私はバッグの中に数冊の本を入れています。
I have (　　　) (　　　) in my bag.

4 日本文の意味を表す英文を書きなさい。 (12点×2)

(1) 私は新しいボールが1つほしいです。

____

(2) 私は大きな箱を2つ持っています。

____

得点UP

3 (3)(4)「いくつかの，いく人かの」は，肯定文では some，**疑問文や否定文**ではふつう **any** を使う。

4 (1)「**ほしい**」は **want** で表す。

START　GOAL

複数の文②

How many ~?

点

合格点：76 点／100 点

1 日本文に合うように，(　)に適する語を入れなさい。 (6点×7)

(1) あなたには兄弟は何人いますか。

(　　　) many (　　　) do you have?

(2) あなたはネコを何びき飼っていますか。

How (　　　) (　　　) do you have?

(3) 車は何台見えますか。

(　　　) (　　　) (　　　) do you see?

2 (　)に適する語を入れて，会話文を完成しなさい。 (6点×4)

(1) *A*：(　　　) (　　　) watches do you have?

B：I have two.

(2) *A*：How (　　　) (　　　) do you have?

B：I have one sister.

3 〔　〕内の語句を使って，日本文の意味を表す英文を書きなさい。 (7点×2)

(1) あなたはマンガ本を何冊持っていますか。〔comic books〕

(2) あなたは袋がいくつ必要ですか。〔need〕

4 日本文の意味を表す英文を書きなさい。 (10点×2)

(1) あなたは鉛筆を何本持っていますか。

(2) あなたは犬が何びき見えますか。

得点UP

2 どちらも数を答えているので，問いの文は**数をたずねる文**にする。

4 どちらも数をたずねる文。(2)「見える」は see を使う。

START　GOAL

No. 23

複数の文③

We [You / They] are ~.

月　日

点

合格点：78 点／100 点

1 (　　) 内から適する語句を選び，○で囲みなさい。 (5点×4)

(1) Ken and I (am, are, is) brothers.

(2) We are (a student, student, students).

(3) (This, It, These) are my pencils.

(4) Are Yuki and Mari sisters? —Yes, (she, we, they) are.

2 日本文に合うように，(　　) に適する語を入れなさい。 (6点×6)

(1) 私たちは今，北海道にいます。

(　　　　) (　　　　) in Hokkaido now.

(2) ニックと正夫は親友です。

Nick and Masao (　　　　) good (　　　　).

(3) 彼女たちは私のクラスメートです。

(　　　　) (　　　　) my classmates.
クラスメート

3 (　　) に適する語を入れて，会話文を完成しなさい。 (6点×4)

(1) *A*：Are you junior high school students?

B：Yes, (　　　　) (　　　　).

(2) *A*：Do Emi and Judy play tennis?

B：No, (　　　　) (　　　　).

4 日本文の意味を表す英文を書きなさい。 (10点×2)

(1) 私たちは日本出身です。

____

(2) 彼らは科学者です。　科学者：scientist

____

得点UP

3 (1)問いの文は students と複数なので，**you は複数**の「**あなたがたは**」という意味。

4 (2)主語が複数の場合は，**be 動詞のあとの名詞**も**複数**。

START　GOAL

No. 24

命令文①

Use ~. / Be ~.

月　日

点

合格点：76 点／100 点

1 (　　)に適する語を入れて，日本文に合う英文にしなさい。 (4点×12)

(1) (　　　　) up. (立ちなさい。)

(2) (　　　　) (　　　　) down. (すわってください。)

(3) (　　　　) to me. (私の言うことを聞きなさい。)

(4) (　　　　) your room. (部屋をそうじしなさい。)

(5) (　　　　) (　　　　) the piano. (ピアノをひいてください。)

(6) (　　　　) quiet. (静かにしなさい。)
静かな

(7) (　　　　) the door, (　　　　). (ドアを開けてください。)

(8) (　　　　) (　　　　) my pen. (私のペンを使ってください。)

2 日本文に合う英文になるように，(　　)内の語句を並べかえなさい。 (8点×2)

(1) あの家を見てごらん。 (house, at, look, that)

(2) 本の10ページを開きなさい。 (page 10, books, to, your, open)

3 日本文の意味を表す英文を書きなさい。 (9点×4)

(1) この部屋では英語を話しなさい。

________________ in this room.

(2) みんなに親切にしなさい。

________________ everyone.

(3) ここにあなたの名前を書いてください。

________________ here.

(4) 気をつけて，ニック。

________________, Nick.

得点UP

2 **命令文**は**動詞の原形**で始める。

3 (2) Be ~. は「**~しなさい，~でありなさい，~になりなさい**」などの意味を表す。

START　GOAL

命令文②

Don't ~. / Let's ~.

月　日

点

合格点：78 点／100 点

1 日本文に合うように，(　　)に適する語を入れなさい。 (4点×9)

(1) 私のペンを使わないで，健太。

(　　　　　) (　　　　　) my pen, Kenta.

(2) 放課後テニスをしましょう。

(　　　　　) (　　　　　) tennis after school.
放課後

(3) どうぞ目を開けないでください。

(　　　　　) (　　　　　) your eyes, (　　　　　).

(4) 今日の午後，買い物に行きましょう。

(　　　　　) (　　　　　) shopping this afternoon.

2 日本文に合う英文になるように，(　　)内の語を並べかえなさい。 (8点×2)

(1) 窓を開けてはいけません。 (window, open, the, don't)

____

(2) 英語で話しましょう。 (English, talk, in, let's)

____

3 日本文の意味を表す英文を書きなさい。 (12点×4)

(1) ここで日本語を話してはいけません。

____

(2) 私の家でテレビゲームをしましょう。　テレビゲーム：video games

______________________________ my house.

(3) ここで昼食を食べましょう。

____

(4) そんなに速く話さないでください。

______________________________ so fast.

得点UP

❶ (3)「どうぞ～しないでください」とていねいに言うときは，**please を文頭か文末に**つける。

❸ (2)「～しましょう」と相手を誘う文は Let's で始める。

No. 26

複数の文／命令文

まとめテスト④

月　日

点

合格点：76点／100点

1 （　）に適する語を入れて，日本文に合う英文にしなさい。（4点×9）

(1) I have (　　　) dog.（私は犬を1ぴき飼っています。）

(2) I have two (　　　).（私には男兄弟が2人います。）

(3) We (　　　) (　　　).（私たちは生徒です。）

(4) (　　　) English every day.（毎日英語を勉強しなさい。）

(5) (　　　) careful, Miki.（美紀，気をつけて。）

(6) (　　　) use a pencil.（鉛筆を使ってはいけません。）

(7) (　　　) play soccer.（サッカーをしましょう。）

(8) How (　　　) boys do you see?（何人の少年が見えますか。）

2 （　）に適する語を入れて，会話文を完成しなさい。（4点×6）

(1) *A*：Are you and Ken good friends?

B：Yes, (　　　) (　　　).

(2) *A*：Are Lisa and Andy from America?

B：Yes, (　　　) (　　　).

(3) *A*：(　　　) (　　　) comic books do you have?

B：Well, about thirty.

「ええと，そうですね」

3 （　）内の語句に1語を加えて並べかえ，日本文に合う英文を書きなさい。（10点×4）

(1) あなたには姉妹はいますか。（have, you, any, do）

(2) 友達には親切にしなさい。（your, kind, to, friends）

(3) 部屋の中を走らないで。（the room, run, in）

(4) 放課後，公園へ行きましょう。（the park, school, to, go, after）

月　日

代名詞

点

合格点：74 点／100 点

1 (　　)内から適する語を選び，◯で囲みなさい。 (6点×5)

(1) Ms. Takagi is (we, our, us) new English teacher.

(2) Do you know (she, her, she's)?

(3) This is Aki's book, but that book isn't (she, her, hers).

(4) I like Mr. Sato. (He, His, Him) class is very interesting(おもしろい).

(5) Ken, this pen is (you, your, yours).

2 〔　　〕内の語を適する形にして，(　　)に入れなさい。 (6点×5)

(1) This is Bob. I like (　　　　　) very much. 〔he〕

(2) This is Kumi. (　　　　　) mother is a teacher. 〔she〕

(3) They have a dog. (　　　　　) name is Kuro. 〔it〕

(4) Do you know that girl? ─ Yes, I know (　　　　　). 〔she〕

(5) Those boys play baseball. (　　　　　) team is strong(強い). 〔they〕

3 日本文に合うように，(　　)に適する語を入れなさい。 (8点×2)

(1) どうぞ私たちといっしょに来てください。

Please come with (　　　　　).

(2) これらはあなたがたへのプレゼントです。

These are presents for (　　　　　).

4 次の各組の英文がほぼ同じ意味になるように，(　　)に適する語を入れなさい。 (12点×2)

(1) { This is my computer.
This computer is (　　　　　).

(2) { These are their balls.
These(これらの) balls are (　　　　　).

得点UP

3 **前置詞のあと**に代名詞がくる場合は，**目的格**になる。

4 〈**所有格＋名詞**〉は**所有代名詞**１語を使って表せる。

START　GOAL

No. 28

3人称単数現在形①

He likes ~. / She has ~.

月　日

点

合格点：76 点／100 点

1 （　　）内から適する語を選び，○で囲みなさい。 （6点×4）

(1) Yumi (like, likes) music very much.

(2) My father (live, lives) in America now.

(3) Aki and Keiko (play, plays) tennis very well.

(4) They (come, comes) to school at eight.

2 〔　　〕内の語を適する形（現在形）にして，（　　）に入れなさい。 （8点×4）

(1) Mike (　　　　　　) Japanese very well. 〔speak〕

(2) My sister (　　　　　　) a lot of books. 〔have〕

(3) Junko (　　　　　　) to school by bus. 〔go〕

(4) Kenta (　　　　　　) English every day. 〔study〕

3 日本文に合うように，（　　）に適する語を入れなさい。 （8点×4）

(1) ティナには姉が１人います。

Tina (　　　　　　) a sister.

(2) 私の父は日曜日に公園を走ります。

My father (　　　　　　) in the park on Sundays.

(3) 私の母は毎朝６時に起きます。

My mother (　　　　　　) up at six every morning.

(4) ビルはよくテレビで映画を見ます。

Bill often（よく） (　　　　　　) movies（映画） on TV.

4 日本文の意味を表す英文を書きなさい。 （12点）

グリーン先生（Ms. Green）は英語を教えます。

得点UP

1 (3) Aki and Keiko（亜紀と恵子）は**2人**なので**複数**。

3 (1)「（兄弟などが）いる」は **have** を使う。(3)「**起きる**」は **get up**。

START　GOAL

No. 29

3人称単数現在形②

Does he ～?

点

合格点：76点／100点

1 (　　)内から適する語を選び，◯で囲みなさい。 (4点×5)

(1) (Do, Does, Is) Lisa like Japan?

(2) (Do, Does, Is) Ann from America?

(3) (Do, Does, Are) you play the guitar?

(4) (Do, Does, Is) Ken (use, uses) this desk?

2 日本文に合うように，(　　)に適する語を入れなさい。 (6点×6)

(1) メグは新しいコンピューターを持っていますか。

(　　　　) Meg (　　　　) a new computer?

(2) あなたのお母さんはグリーン先生を知っていますか。

(　　　　) your mother (　　　　) Ms. Green?

(3) マイクは毎日テレビを見ますか。

(　　　　) Mike (　　　　) TV every day?

3 (　　)に適する語を入れて，会話文を完成しなさい。 (8点×3)

(1) *A*：Does Mr. Sato teach English?

B：No, he (　　　　). He (　　　　) math.

(2) *A*：What does he have in his bag?

B：He (　　　　) some books.

4 〔　　〕内の語句を使って，日本文の意味を表す英文を書きなさい。 (10点×2)

(1) ニック(Nick)は毎日理科を勉強するのですか。〔science, every day〕

____

(2) 岡先生(Ms. Oka)は英語と中国語を話すのですか。〔speak, Chinese〕

____

得点UP

❶ be動詞の文か一般動詞の文か，また主語は3人称単数かそれ以外かに注目する。

❸ (2)問いの文にdoesがあるので動詞は原形のhaveだが，答えの文の動詞は主語(He)に合わせる。

START　GOAL

No. 30

3人称単数現在形③

He doesn't ～.

点

合格点：80点／100点

1 (　　)内から適する語を選び，○で囲みなさい。 (5点×4)

(1) My sister (isn't, don't, doesn't) play basketball.

(2) You (aren't, don't, doesn't) like reading(読書).

(3) Yuki doesn't (come, comes) here(ここに) on Mondays.

(4) My father (isn't, don't, doesn't) an English teacher.

2 日本文に合うように，(　　)に適する語を入れなさい。 (8点×6)

(1) 絵美には兄弟はいません。

Emi (　　　　　　) (　　　　　　) any brothers.

(2) 私は犬が好きです。しかし，アンは犬が好きではありません。

I (　　　　　　) dogs, but Ann (　　　　　　) like dogs.

(3) ジョンは家では日本語を話しません。

John (　　　　　　) (　　　　　　) Japanese at home.

3 日本文に合う英文になるように，(　　)内の語句を並べかえなさい。 (10点×2)

(1) 私の町には病院がありません。

My town (a hospital, have, doesn't).

My town ______________________________.

(2) 私の母は日曜日は夕食を作りません。

(dinner, my mother, cook, doesn't) on Sundays.

______________________________ on Sundays.

4 日本文の意味を表す英文を書きなさい。 (12点)

彼女はコンピューターを持っていません。

____

得点UP

1 (4)「私の父は英語の先生ではありません。」という文で，be動詞の否定文。

4 **否定文**では**動詞は主語に関係なく原形**を使うことに注意。

No. 31

can の文①

I can ~. / Can you ~?

点

合格点：78 点／100 点

1 (　　)内から適する語を選び，○で囲みなさい。 (5点×3)

(1) Ken (is, can) run fast.

(2) Can Judy eat sushi? —Yes, she (does, can).

(3) Yumi's brother cannot (come, comes) to the party.

2 日本文に合うように，(　　)に適する語を入れなさい。 (6点×9)

(1) 由紀はとてもじょうずにピアノをひくことができます。

Yuki (　　　　) (　　　　) the piano very well.

(2) 絵美と久美は英語を話すことができます。

Emi and Kumi (　　　　) (　　　　) English.

(3) あなたはギターがひけますか。 —いいえ，ひけません。

(　　　　) you (　　　　) the guitar?

—No, I (　　　　).

(4) 私の妹はこのコンピューターが使えません。

My sister (　　　　) (　　　　) this computer.

3 日本文に合う英文になるように，(　　)内の語を並べかえなさい。 (9点)

太郎はテニスはできますが，サッカーはできません。

Taro (tennis, soccer, play, can, can't, play, he, but).

Taro ＿＿＿＿＿＿＿＿＿＿＿＿, ＿＿＿＿＿＿＿＿＿＿＿＿＿＿＿.

4 日本文の意味を表す英文を書きなさい。 (11点×2)

(1) あなたは英語が読めますか。

＿＿＿＿＿＿＿＿＿＿＿＿＿＿＿＿＿＿＿＿＿＿＿＿＿＿＿＿

(2) 彼女はEメールを書くことができません。

＿＿＿＿＿＿＿＿＿＿＿＿＿＿＿＿＿＿＿＿＿＿＿＿＿＿＿＿

得点UP

2 can（～できる）のある文では，主語が何であっても**動詞は原形**を使う。

4 (2)「Eメールを書く」＝ write e-mails。

START　GOAL

No. 32

can の文②

許可・依頼を表す can

点

合格点：80 点／100 点

1 日本文に合うように，(　　)に適する語を入れなさい。 (6点×6)

(1) あなたはもう家に帰ってもいいですよ。

(　　　　　) (　　　　　) go home now.

(2) 今，あなたと話をしてもいいですか。 —もちろん。

(　　　　　) (　　　　　) talk to you now? —Sure.

(3) 私たちのためにギターをひいてくれますか。 —いいですよ。

(　　　　　) (　　　　　) play the guitar for us? —OK.

2 (　　)に適する語を入れて，会話文を完成しなさい。 (5点×4)

(1) *A*：(　　　　　) I use that pen? (そのペンを使ってもいいですか。)

B：(　　　　　) course. Here you are. (もちろん。はい，どうぞ。)

(2) *A*：(　　　　　) you help me? (私を手伝ってくれますか。)

B：Sorry, I (　　　　　). I'm busy. (すみませんが，手伝えません。私は忙しいのです。)

3 日本文に合う英文になるように，(　　)内の語を並べかえなさい。 (10点×2)

(1) ここにすわってもいいですか。 (sit, I, here, can)

(2) この本を読んでくれますか。 (read, you, book, this, can)

4 次のような場面で適する英語を，can を使って書きなさい。 (12点×2)

(1) 窓を開けてもいいかたずねるとき。

(2) 両手がふさがっているので，ドアを開けてくれるようにお願いするとき。

得点UP

1 (2)(3)「～してもいいですか」(許可) や「～してくれますか」(依頼) は，**can** を使って表す。

2 (1) **Here you are.** は，物を差し出して「**はい，どうぞ**」というときに使う。

START　GOAL

まとめテスト⑤

月　　日

点

合格点：80点／100点

1 (　　)内から適する語句を選び，◯で囲みなさい。 (5点×4)

(1) Nancy (is, are, play, plays) tennis very well.

(2) My mother can't (use, uses, doesn't use) a computer.

(3) (Are, Is, Do, Does) your teacher live in Tokyo?

(4) Can you help (I, my, me)?

2 日本文に合うように，(　　)に適する語を入れなさい。 (4点×11)

(1) ティナにはたくさんの日本人の友だちがいます。

Tina (　　　　) a lot of Japanese friends.

(2) 絵美はたいてい夕食後に勉強します。

Emi usually (　　　　) after dinner.

usually：ふつう，たいてい

(3) アンは中国語が話せますか。　―はい，話せます。

(　　　　) Ann (　　　　) Chinese?

―Yes, she (　　　　).

(4) あなたのお兄さんはピアノがひけますか。　―いいえ。でもギターをひけます。

(　　　　) your brother (　　　　) the piano?

―No, he (　　　　), but he can (　　　　) the guitar.

(5) 彼女には姉妹はいません。

She (　　　　) (　　　　) any sisters.

3 日本文に合う英文になるように，(　　)内の語を並べかえなさい。 (12点×3)

(1) 由美は自転車で学校に来ます。(Yumi, bike, comes, by, to, school)

____

(2) 私の机を使ってもいいですよ。(desk, use, my, can, you)

____

(3) 彼は何のスポーツができますか。(he, play, sports, can, what)

____

月　日

現在進行形①

He is studying ~.

点

合格点：75 点／100 点

1 (　)内から適する語を選び，◯で囲みなさい。 (4点×4)

(1) Taro is (study, studies, studying) English.

(2) I'm (listen, listens, listening) to music.

(3) Judy and Bill (is, are) (watch, watches, watching) TV.

2 〔　〕内の語を適する形にして，(　)に入れなさい。 (6点×3)

(1) My brother is (　　　　　　) this computer. 〔use〕

(2) We're (　　　　　　) lunch. 〔have〕

(3) Masao is (　　　　　　) in the park. 〔run〕

3 日本文に合うように，(　)に適する語を入れなさい。 (6点×8)

(1) 私は父の車を洗っています。
I (　　　　　　) (　　　　　　) my father's car.

(2) 何人かの生徒たちは本を読んでいます。
Some students (　　　　　　) (　　　　　　) books.

(3) 友子と直子は話をしています。
Tomoko and Naoko (　　　　　　) (　　　　　　).

(4) 私は今，母の手伝いをしています。
(　　　　　　) (　　　　　　) my mother right now.

4 日本文の意味を表す英文を書きなさい。 (9点×2)

(1) 彼女は手紙を書いています。

____

(2) 彼は海で泳いでいます。

____

得点UP

2 いずれも(　)の**前にbe動詞**があることに注目して，**現在進行形**の文にする。

4 現在進行形は**〈be動詞＋動詞のing形〉**の形。動詞のing形は動詞の**原形にing**をつける。

START　GOAL

No. 35

現在進行形②

Is he studying ~?

月　日

点

合格点：78 点／100 点

1 (　　)内から適する語を選び，○で囲みなさい。 (4点×3)

(1) (Do, Does, Are) they playing soccer?

(2) Yoko (don't, doesn't, isn't) helping her mother.

(3) Is Kenji (run, runs, running) in the park?

2 日本文に合うように，(　　)に適する語を入れなさい。 (6点×8)

(1) あなたは勉強しているところですか。 ―はい。数学を勉強しています。

(　　　　) you (　　　　)?

―Yes, I (　　　　). I'm (　　　　) math.

(2) 彼は宿題をしているところですか。 ―いいえ。テレビを見ています。

(　　　　) he (　　　　) his homework?

―No, he (　　　　) not. He's (　　　　) TV.

3 日本文に合う英文になるように，(　　)内の語を並べかえなさい。 (10点×2)

(1) あなたは夕食を食べているところですか。

(dinner, you, having, are)

(2) 東京は雨が降っていません。

(Tokyo, raining, not, in, it's)

4 日本文の意味を表す英文を書きなさい。 (10点×2)

(1) ジム(Jim)は車を運転していますか。

(2) 私はおふろに入っているのではありません。

得点UP

2 (2)「**宿題をする**」の動詞は **do** を使う。

4 (2)「**ふろに入る**」＝ take a bath。

START　GOAL

No. 36

現在進行形③

What is [are] ~ doing?

月　日

点

合格点：76点／100点

1 日本文に合うように，（　）に適する語を入れなさい。（5点×6）

(1) あなたがたは何をしているのですか。

What (　　　　) you (　　　　)?

(2) 彼は何をしているところですか。

What (　　　　) he (　　　　)?

(3) マイクは何を読んでいるのですか。

(　　　　) Mike (　　　　)?

2 （　）に適する語を入れて，会話文を完成しなさい。（8点×6）

(1) *A*：(　　　　) you studying, Ken?（勉強中ですか，健。）

B：No, I'm not.（いいえ，ちがいます。）

A：What (　　　　) you (　　　　)?（何をしていますか。）

B：I'm watching TV.（テレビを見ています。）

(2) *A*：What are you eating?（何を食べていますか。）

B：(　　　　) (　　　　) *onigiri*.（おにぎりを食べています。）

(3) *A*：(　　　　) is playing the piano?（だれがピアノを弾いていますか。）

B：My brother is.（私の兄です。）

3 日本文に合う英文になるように，（　）内の語を並べかえなさい。（11点×2）

(1) 彼らは今，何を練習しているのですか。

(they, practicing, are, what) now?

______________________________ now?

(2) だれが公園を走っているのですか。

(running, is, in, who) the park?

______________________________ the park?

得点UP

2 (3)「**だれが**」は **who** を使う。疑問詞が主語になる文。

3 (2)疑問詞で文を始めて **Who is ~ing?** の形で表す。

START　GOAL

〈to+動詞の原形〉など

want to ~ / like ~ing

月　日

点

合格点：74 点／100 点

1 （　　）内から適する語句を選び，○で囲みなさい。（4点×4）

(1) I want (join, to join, joining) the baseball team.

(2) Miki wants (to play, to plays, playing) tennis on Sunday.

(3) Jun likes (watch, watching, is watching) soccer games on TV.

(4) My father is good at (cook, to cook, cooking).

2 日本文に合うように，（　　）に適する語を入れなさい。（6点×6）

(1) 私はハンバーガーが食べたいです。

I (　　　　　) (　　　　　) eat a hamburger.

(2) 健は毎日，夕食を作る練習をしています。

Ken practices (　　　　　) dinner every day.

(3) 由香はピアノをひくのがじょうずです。

Yuka is (　　　　　) (　　　　　) (　　　　　) the piano.

3 （　　）に適する語を入れて，会話文を完成しなさい。（8点×3）

(1) *A*：How about watching a movie after dinner?

B：Sorry. I want (　　　　　) watch a soccer game.

(2) *A*：Can Sakura cook well?

B：Yes. She is (　　　　　) (　　　　　) making curry.

4 〔　　〕内の語句を使って，日本文の意味を表す英文を書きなさい。（12点×2）

(1) 私は英語の歌を歌うことが好きではありません。〔like, songs〕

---

(2) あなたは将来，何になりたいですか。〔want, in the future〕

得点UP

3 (1) A が「夕食後に映画を見ませんか。」と提案し，B はそれを断っている。
(2)「彼女はカレーを作る**ことが得意です。**」という文にする。

START　GOAL

月　日

現在進行形／〈to+動詞の原形〉など

まとめテスト⑥

点

合格点：78点／100点

1 （　）内から適する語句を選び，〇で囲みなさい。 （5点×4）

(1) He's (watch, watches, watching) a soccer game on TV.

(2) Is Ken (do, does, doing) his homework now?

(3) I want (eat, to eat, eating) pizza for lunch.

(4) I like (listen, listening, listens) to music in my free time.

2 日本文に合うように，（　）に適する語を入れなさい。 （4点×15）

(1) 私は今，数学を勉強しているところです。

I'm (　　　　) math now.

(2) 私は将来，医師になりたいです。

I (　　　　) (　　　　) be a doctor in the future.

(3) 彼らはコンピューターを使っていますか。 —いいえ，使っていません。

(　　　　) they (　　　　) computers?

—No, they (　　　　).

(4) ケイトは泳ぐのが好きではありません。

Kate (　　　　) like (　　　　).

(5) 健は英語を話すのが得意です。

Ken (　　　　) (　　　　) (　　　　) speaking English.

(6) あなたはお父さんを手伝っているところですか。 —はい。車を洗っています。

(　　　　) you (　　　　) your father?

—Yes, I (　　　　). I'm (　　　　) his car.

3 〔　〕内の語句を使って，日本文の意味を表す英文を書きなさい。 （10点×2）

(1) 彼女はEメールを書いているところです。 〔an e-mail〕

(2) 私は放課後にサッカーがしたいです。 〔want, after school〕

START　GOAL

月　　日

過去の文①

I played ～.（規則動詞）

点

合格点：75点／100点

1 次の動詞の過去形を書きなさい。（5点×6）

(1) help (　　　　)　(2) use (　　　　)

(3) carry（運ぶ） (　　　　)　(4) stop（やめる，止まる） (　　　　)

(5) close（閉じる，閉める） (　　　　)　(6) like (　　　　)

2 〔　〕内の語を適する形にして，(　)に入れなさい。（6点×3）

(1) Ken (　　　　) soccer last Sunday.〔play〕

(2) Miki (　　　　) English yesterday.〔study〕

(3) My uncle (　　　　) in America two years ago（(今から)～前に）.〔live〕

3 日本文に合うように，(　)に適する語を入れなさい。（8点×4）

(1) 私は昨夜テレビでサッカーの試合を見ました。

I (　　　　) a soccer game on TV last night.

(2) 私の古い友人がきのう私に電話をかけてきました。

My old friend (　　　　) me yesterday.

(3) 私の家族はこの前の夏，沖縄を訪れました。

My family (　　　　) Okinawa last summer.

(4) 私たちは京都に2日間滞在しました。

We (　　　　) in Kyoto for two days.

4 〔　〕内の語句を使って，日本文の意味を表す英文を書きなさい。（10点×2）

(1) 彼はきのう友だちと野球をしました。〔baseball, with his friends〕

＿＿＿＿＿＿＿＿＿＿＿＿＿＿＿＿

(2) ボブ(Bob)はこの前の日曜日に公園を歩きました。〔in the park, last〕

＿＿＿＿＿＿＿＿＿＿＿＿＿＿＿＿

得点UP

2 last ～（この前の～），yesterday（きのう），～ ago（〈今から〉～前に）はいずれも過去を表す。

3 (2)「電話をかける」＝call。(3)「訪れる」＝visit。(4)「滞在する」＝stay。

No. 40

月　日

過去の文②

I went ～.（不規則動詞）

点

合格点：70点／100点

1 次の動詞の過去形を書きなさい。（5点×6）

(1) see (　　　)　(2) run (　　　)

(3) write (　　　)　(4) say 言う (　　　)

(5) find 見つける (　　　)　(6) think 思う (　　　)

2 〔　〕内の語を適する形にして，(　)に入れなさい。（6点×3）

(1) She (　　　) to the sea 海 yesterday. 〔go〕

(2) My mother (　　　) a big cake last night. 〔make〕

(3) I (　　　) a lot of dogs last Sunday. 〔see〕

3 日本文に合うように，(　)に適する語を入れなさい。（8点×4）

(1) 私はけさ6時に起きました。

I (　　　) up at six this morning.

(2) 由美は昨夜遅く寝ました。

Yumi (　　　) to bed late 遅く last night.

(3) 私の兄は京都で写真をたくさん撮りました。

My brother (　　　) a lot of pictures in Kyoto.

(4) グリーン先生は先月アメリカから帰って来ました。

Ms. Green (　　　) back from America last month.

4 〔　〕内の語句を使って，日本文の意味を表す英文を書きなさい。（10点×2）

(1) 私はきのう夕食前に宿題をしました。〔my homework, before dinner〕

____

(2) 彼はこの前の土曜日，正午に昼食を食べました。〔at noon, last〕

____

得点UP

3 (1)「起きる」＝get up。(2)「寝る」＝go to bed。(3)「(写真を)撮る」＝take。

4 (1)「宿題をする」＝do my homework。(2)「昼食を食べる」＝have[eat] lunch。

START　GOAL

過去の文③

Did you ～? / I didn't ～.

月　日

点

合格点：74 点／100 点

1　(　　)内から適する語を選び，◯で囲みなさい。　(5点×4)

(1) (Do, Does, Did) Ken practice（練習する） tennis yesterday?

(2) She (don't, doesn't, didn't) use the computer last night.

(3) Where did you (go, goes, went) last Sunday?

(4) He didn't (have, has, had) breakfast yesterday morning.

2　(　　)に適する語を入れて，会話文を完成しなさい。　(8点×5)

(1) *A*：Did you enjoy the party?
B：Yes, we (　　　　). We (　　　　) a good time.

(2) *A*：Did you come to school by bike?
B：No, I (　　　　). I (　　　　) to school by bus.

(3) *A*：How long did you live in London（ロンドン）?
B：I (　　　　) there for three years.

3　日本文に合う英文になるように，(　　)内の語を並べかえなさい。　(10点×2)

(1) 彼はきのうテレビを見ましたか。 (he, TV, yesterday, watch, did)

(2) 先週は雨が降りませんでした。 (week, rain, didn't, last, it)

4　〔　　〕内の語句を使って，日本文の意味を表す英文を書きなさい。　(10点×2)

(1) 麻里(Mari)はけさ，遅くに起きたのですか。〔 late, this morning 〕

(2) 良夫(Yoshio)は昨夜，英語を勉強しませんでした。〔 English, last night 〕

得点UP

2 (1)答えの文は，「はい，楽しみました。私たちは楽しい時を過ごしました。」という意味。
(2)答えの文は，「いいえ，ちがいます。私はバスで学校へ来ました。」という意味。

START　GOAL

No. 42

過去の文④

be動詞の過去形

点

合格点：74 点／100 点

1 （　　）内から適する語を選び，〇で囲みなさい。 (4点×3)

(1) I (am, was, were) busy yesterday.

(2) Bob and Yuki (is, was, were) late for school this morning.

(3) It (is, was, were) sunny yesterday.

2 日本文に合うように，（　　）に適する語を入れなさい。 (7点×5)

(1) 私はおばから手紙をもらいました。うれしかったです。

I (　　　　) a letter from my aunt. I (　　　　) happy.

(2) きのうは雨ではありませんでした。

It (　　　　) rainy yesterday.

(3) あなたはきのう，忙しかったですか。 —はい，忙しかったです。

(　　　　) you busy yesterday? — Yes, I (　　　　).

3 （　　）に適する語を入れて，会話文を完成しなさい。 (9点×3)

(1) *A*：I went to the new Italian restaurant yesterday.

B：Nice. What (　　　　) you have?

A：I had pizza. It (　　　　) delicious.

(2) *A*：How (　　　　) your weekend?

B：Not good. I was sick in bed.

4 〔　　〕内の語句を使って，日本文の意味を表す英文を書きなさい。 (13点×2)

(1) 私は料理をすることが得意ではありませんでした。〔good at, cooking〕

(2) そのバッグは値段がとても高かったです。〔the bag, expensive〕

得点UP

2 (1)「手紙をもらう」＝get a letter。

3 (2) A「週末はどうでしたか。」B「よくなかったです。病気で寝ていました。」

START　GOAL

過去の文⑤

過去進行形

点

合格点：76 点／100 点

1 〔　〕内の語を適する形にして，(　)に入れなさい。 (4点×3)

(1) I was (　　　　) a book at seven last night. 〔read〕

(2) I got home at six. Mom was (　　　　) dinner then. 〔cook〕

(3) Mike (　　　　) a piano lesson yesterday. 〔have〕

2 日本文に合うように，(　)に適する語を入れなさい。 (6点×6)

(1) 私はきのうの6時に公園を散歩していました。

I (　　　　) (　　　　) in the park at six yesterday.

(2) マイクは午後8時には音楽を聞いていませんでした。

Mike (　　　　) (　　　　) to music at 8 p.m.

(3) あなたはそのとき宿題をしていたのですか。

(　　　　) you (　　　　) your homework at that time?

3 (　)に適する語を入れて，会話文を完成しなさい。 (6点×5)

(1) *A*：Did you watch the TV program last night?

B：No. I (　　　　) (　　　　) a bath at that time.

(2) *A*：You didn't answer my call. What (　　　　) (　　　　) doing?

B：I'm sorry. I (　　　　) practicing soccer.

4 日本文の意味を表す英文を書きなさい。 (11点×2)

(1) 私はきのうの午前8時に，朝食を食べていました。

＿＿＿＿＿＿＿＿＿＿＿＿＿＿＿＿ at 8 a.m. yesterday.

(2) 彼らはそのとき，テレビで野球の試合を見ていたのですか。

＿＿＿＿＿＿＿＿＿＿＿＿＿＿＿＿ then?

得点UP

3 (1)「ふろに入る」= take a bath。(2) A は電話に出なかった B に対し，何をしていたのか聞いている。

4 (2)「野球の試合」= a baseball game。「テレビで」= on TV。

START　GOAL

まとめテスト⑦

点

合格点：75点／100点

1 〔　〕内の語を適する形にして，（　）に入れなさい。 (5点×4)

(1) Tom and Jim (　　　　　) tennis last Sunday. 〔play〕

(2) Miki (　　　　　) to the library yesterday. 〔go〕

(3) We were (　　　　　) dinner at seven last night. 〔have〕

(4) It (　　　　　) rainy last Sunday. 〔be〕

2 日本文に合うように，（　）に適する語を入れなさい。 (4点×10)

(1) 私はこの前の水曜日に友だちを訪ねました。

I (　　　　　) my friend (　　　　　) Wednesday.

(2) あなたは遅く起きたのですか。 —はい，そうです。

(　　　　　) you get up late(遅く)? —Yes, I (　　　　　).

(3) 私たちは昼食にピザを食べました。おいしかったです。

We (　　　　　) pizza for lunch. It (　　　　　) delicious.

(4) あなたはいつ東京に帰って来たのですか。

When (　　　　　) you (　　　　　) back to Tokyo?

(5) 私たちはそのときサッカーをしているところでした。

We (　　　　　) (　　　　　) soccer at that time.

3 〔　〕内の語句を使って，日本文の意味を表す英文を書きなさい。 (10点×4)

(1) 私はこの前の日曜日サッカーの試合を見ました。〔a soccer game, last〕

(2) 東京はきのう晴れでした。〔sunny, in Tokyo〕

(3) ボブ(Bob)はきのう数学を勉強しませんでした。〔study, math〕

(4) ケイト(Kate)はそのときドラマを見ていました。〔a drama, at that time〕

前置詞・接続詞・副詞

月　日

点

合格点：76 点／100 点

1 (　　)内から適する語を選び，○で囲みなさい。 (5点×8)

(1) I like dogs, (and, but, so) Miki doesn't like them.

(2) You can go to the store (at, on, by) bus.

(3) Koji plays soccer very (good, well, much).

(4) Our school begins (at, on, in) 8:30.

(5) Do you want tea (and, but, or) coffee?

(6) My father always (いつも) gets up (fast, quick, early).

(7) My sister often helps me (to, by, with) my homework.

(8) We play baseball (in, on, at) Sunday afternoons.

2 日本文に合うように，(　　)に適する語を入れなさい。 (6点×10)

(1) 絵美と愛子は親友です。

Emi (　　　　) Aiko (　　　　) good friends.

(2) どちらがあなたの自転車ですか，こちらですか，それともあちらですか。

Which is your bike, this one (　　　　) that one?

(3) 私たちには５分しか時間がありません。

We (　　　　) (　　　　) five minutes (分).

(4) そのオレンジはボールのように見えます。

The orange looks (　　　　) a ball.

(5) あなたは夕食前はたいてい何をしますか。

What do you (　　　　) do (　　　　) dinner?

(6) 私の父は車も電車も使いません。

My father doesn't use cars (　　　　) trains.

(7) 私は今日彼に会わなかったので，電話をかけました。

I didn't see him today, (　　　　) I called (電話をかける) him.

得点UP

2 (3)「ただ[ほんの]５分だけ持っている」と表現する。(6)否定文で「AもBも〜ない」は not 〜 A or B の形。(7)「それで，だから」の意味の接続詞。

START GOAL

会話表現

点

合格点：76 点／100 点

1 日本文に合うように，(　　)に適する語を入れなさい。 (4点×9)

(1) もしもし，こちらは太郎です。〔電話で〕

(　　　　), (　　　　) (　　　　) Taro.

(2) このあたりにはカフェがたくさんあります。〔案内で〕

(　　　　) (　　　　) a lot of cafes around here.

(3) 部屋を変えたいのですが。〔ホテルで〕

I'd (　　　　) (　　　　) change my room.

(4) すみませんが，わかりません。〔道をたずねられて〕

I'm (　　　　), I don't (　　　　).

2 会話文が完成するように，(　　)に適する語を右から選んで入れなさい。(8点×8)

(1) 女性：Excuse me. Which bus (　　　　) to City Hall?

Akira：(　　　　) Bus No. 2.

(2) *Ken*：Do you have any red caps?

店員：Yes. How (　　　　) this one?

Ken：I like it. How (　　　　) is it?

店員：It's twenty dollars.

(3) *Mai*：One cola, please.

店員：(　　　　) here or to go?

Mai：For here, please.

店員：Large (　　　　) small?

Mai：Small, please.

店員：(　　　　) (　　　　) are.

Mai：Thank you.

or
here
much
about
goes
you
take
for

得点UP

2 (1)道案内の会話。女性は「どのバスが市役所に行きますか。」と聞いている。

(3)コーラの注文に，店員は「こちらでお召し上がりですか，それともお持ち帰りですか。」と聞いている。

総復習テスト①

目標時間：20 分　　点　合格点：80 点／100 点

1 （　）内から適する語句を選び，◯で囲みなさい。 （2点×7）

(1) (Is, Are, Do, Does) Ken and Yumi good friends?

(2) Whose bike is this? — It's (I, my, me, mine).

(3) He (play, plays, played, playing) tennis last Sunday.

(4) (Do, Does, Is, Are) Jim come from America?

(5) I want (eat, to eat, eating) spaghetti for lunch.

(6) She's (walk, walks, walked, walking) in the park now.

(7) Where (do, does, did, are) you go yesterday?

2 〔　〕内の語を適する形にして，（　）に入れなさい。 （2点×5）

(1) We have six (　　　　) on Mondays. 〔class〕

(2) My sister was (　　　　) math then. 〔study〕

(3) Are Bob and Bill (　　　　) TV? 〔watch〕

(4) My mother likes (　　　　) very much. 〔he〕

(5) Miki is (　　　　) lunch now. 〔have〕

3 日本文に合うように，（　）に適する語を入れなさい。 （3点×8）

(1) このノートはあなたのですか。

Is this notebook (　　　　)?

(2) あなたはカナダ出身ですか。

(　　　　) (　　　　) from Canada?

(3) ボブは泳ぐことが好きではありません。

Bob doesn't like (　　　　).

(4) 父は今，走っています。

My father (　　　　) (　　　　) now.

(5) 彼は今朝，宿題をしませんでした。

He (　　　　) (　　　　) his homework this morning.

裏面へ

4 (　　)に適する語を入れて，会話文を完成しなさい。 (2点×7)

(1) A：Do you like Japanese food, Mike?
B：(　　　　　), (　　　　　) do. I like sushi very much.

(2) A：(　　　　　) (　　　　　) comic books do you have?
B：I have about thirty comic books.

(3) A：(　　　　　) (　　　　　) is it today?
B：It's Wednesday.

(4) A：(　　　　　) do you have piano lessons?
B：On Tuesdays and Fridays.

5 日本文に合うように，(　　)内の語を並べかえなさい。 (4点×5)

(1) 私は野球のファンではありません。(a, not, baseball, I'm, fan)

____

(2) あなたには兄弟はいますか。(brothers, do, have, you, any)

____

(3) 放課後にサッカーをしましょう。(after, soccer, let's, school, play)

____

(4) 彼は歌うのがじょうずです。(he, good, singing, is, at)

____

(5) あなたは今，何をしているところですか。(now, you, what, doing, are)

____

6 日本文の意味を表す英文を書きなさい。 (6点×3)

(1) ドアを開けてはいけません。

____

(2) 朝食には何を食べますか。

____

(3) 東京はきのう晴れていました。

____

総復習テスト②

目標時間：20 分

点

合格点：80 点／100 点

1 （　　）に適する語を入れて，会話文を完成しなさい。 (2点×10)

(1) *A*：Does your brother like reading books?
B：No, he (　　　　　), but he likes reading manga.

(2) *A*：Do you know that girl?
B：No, I (　　　　　). (　　　　　) is she?
A：She's Yumi's sister.

(3) *A*：You can use this pen. Here you (　　　　　).
B：Thank you very much.
A：You're welcome.

(4) *A*：(　　　　　) (　　　　　) your bag?
B：That yellow one is.

(5) *A*：(　　　　　) (　　　　　) do you usually get up?
B：I get up at 7:30.

(6) *A*：(　　　　　) do you practice the piano?
B：On Sunday mornings.

(7) *A*：(　　　　　) is the weather today?
B：It's sunny. Let's play tennis in the park.

2 日本文に合うように，（　　）内の語句を並べかえなさい。 (5点×4)

(1) あなたはマイクと昼食を食べたのですか。(you, lunch, have, did, Mike, with)

____

(2) 彼はコンピューターを使っていません。(the computer, he's, using, not)

____

(3) 幸二はとても速く泳げます。(fast, swim, Koji, very, can)

____

(4) 彼女はどのように学校に来ていますか。(come, does, how, school, she, to)

____

裏面へ

3 日本文に合うように，(　　)に適する語を入れなさい。 (2点×14)

(1) 純と私は中学生です。

Jun and I (　　　　) junior high school (　　　　).

(2) あの大きな木を見てごらん。

(　　　　) (　　　　) that big tree.

(3) 英語はおもしろいですが，やさしくありません。

English is interesting, (　　　　) it (　　　　) easy.

(4) 私は今，スマートフォンで話しているところです。

(　　　　) (　　　　) on my smartphone now.

(5) 「5月」は英語でどう言いますか。

(　　　　) do you say "*gogatsu*" (　　　　) English?

(6) 昨夜のパーティーに遅れたのですか。

(　　　　) you (　　　　) for the party last night?

(7) あなたがたは京都にどれくらい滞在したのですか。

(　　　　) (　　　　) did you stay in Kyoto?

4 〔　〕内の語句を使って，日本文の意味を表す英文を書きなさい。 (8点×4)

(1) 私はこの前の日曜日にテレビでサッカーの試合を見ました。

〔a soccer game, on TV〕

(2) あなたは昨夜8時に何をしていましたか。

〔at eight, last night〕

(3) 放課後あなたの家に行ってもいいですか。

〔can, your house〕

(4) あなたのクラスではだれがギターをひけるのですか。

〔can, in your class〕

No. 01 アルファベット

❶ (1) B, D, E, G
(2) I, J, K, M
(3) O, Q, R, T
(4) W, X, Y
❷ (1) b, c, e, f (2) i, k, l, n
(3) p, q, s, u (4) v, x, z
❸ (1) a (2) d (3) f (4) h (5) k
(6) l (7) m (8) p (9) r (10) y
❹ (1) B (2) E (3) G (4) I (5) J
(6) N (7) O (8) Q (9) T (10) U

No. 02 あいさつ

❶ (1) Hello (2) Good (3) See
(4) Thank
❷ (1) エ (2) イ (3) ウ (4) オ (5) ア

解説 ❶ (1)「こんにちは。」は Hello. (2)午後のあいさつは，Good afternoon. (3)「また明日。」は See you tomorrow. (4)「どうもありがとう。」は Thank you very much.
❷ (2) See you (later). は別れるときのあいさつで，「ではまた(あとで)。」の意味。(5) Nice to meet you. には Nice to meet you, too. と返す。

No. 03 I am ~./You are ~.

❶ (1) am (2) are (3) You're (4) I'm
❷ (1) I am (2) I'm a
(3) You are (4) are from
❸ I'm a junior high school student.
❹ (1) I'm [I am] Suzuki Kota.
(2) You're [You are] a good tennis player.

解説 ❶「～です」は，I → **am**，you → **are** のように主語に応じて使い分ける。(3)(4)短縮形を選ぶ。
❷ (2) student(生徒，学生)の前には「1人の」の意味の **a を入れる**。空所の数から，I am は短縮形の I'm を使う。(4) **〈be 動詞 + from ~〉**で**「～出身です」**。
❸「私は～です」は I am[I'm] ～. の形。「中学生」は junior high school student。
❹ (1) I'm = I am。(2) You are good at (playing) tennis. でもよい。

No. 04 Are you ~?/I'm not ~.

❶ (1) Are you (2) I'm not
(3) You're
❷ (1) I am (2) I'm not
❸ (1) Are you a junior high school student?
(2) I'm not from Osaka.
❹ (1) I'm [I am] not a high school student.
(2) Are you Kumi's sister?
(3) You aren't [You're not, You are not] tall.

解説 ❶ (3)「あなたは～ではありません」は，**You're not ~.** か **You aren't ~.** で表す。
❷ (2)「あなたはアメリカの出身ですか。」「いいえ，ちがいます。オーストラリア出身です。」の会話文。I am の短縮形 I'm に注意。
❸ (1)「あなたは～ですか」は Are you ～?
❹ (1)(3)「～ではない」と打ち消す文（否定文）は，**am, are のあとに not** を入れる。

No. 05 This[That] is ~.

❶ (1) This (2) That (3) is (4) my
(5) That's your (6) a (7) an
❷ (1) This is (2) That is

ANSWERS

(3) That's your　(4) This is
❸ (1) This is a new car.
(2) That is Yuki's sister.

解説　❶ (1)(2)「これは～です」は This is ～. の形,「あれは～です」は That is ～. の形で表す。(6)(7) **〈a[an]＋形容詞＋名詞〉**の形。形容詞が**母音**で始まるときも **an** を使う。
❷ (3)「あなたの～」は your ～。空所の数から That is の短縮形 That's を使う。
(4)「こちらは～です」のように人を紹介する文は**〈This is ＋人 .〉**の形。
❸ (1) **〈a ＋形容詞＋名詞〉**の語順。(2)「あちらは[あの人は]～です」と人を紹介する文は**〈That is ＋人 .〉**の形。

No. 06 Is this ～? / This is not ～.

❶ (1) Is　(2) that　(3) not　(4) isn't
❷ (1) it's / It's　(2) Yes, it / Is / isn't
❸ (1) Is that your sister?
(2) This is not my bag.
❹ (1) Is that Kumi's house?
(2) This isn't [is not] my favorite team.

解説　❶ (1)(2)「これは[あれは]～ですか」の文は, **Is this[that] ～?** で表す。(3)(4)「これは[あれは／あちらは]～ではありません」は **This [That] isn't[is not] ～.** で表す。
❷ (2) A「わあ, なんて大きい犬！　これはあなたの犬ですか, 絵美。」B「はい, そうです。」A「あれもあなたの犬ですか。」B「いいえ, ちがいます。それは由美の犬です。」
❸ (1)疑問文なので, Is で文を始める。(2)否定文だから, is のあとに not がくる。
❹ (1)疑問文は is を that の前に出す。

No. 07 He[She] is ～.

❶ (1) She　(2) He　(3) She
❷ (1) are　(2) is　(3) is　(4) is
❸ (1) He is　(2) She is　(3) He's
(4) She's
❹ (1) father is in　(2) bag is new

解説　❶ すでに話題にのぼっている人について言うとき, **男性には he, 女性には she** を使う。
❷ (2)(4)人以外の単数のものが主語の場合も is を使う。(3) my mother ＝ she だから is。
❸ (3)(4)空所が 1 つなので短縮形を使う。
❹ (1) **〈主語＋ be 動詞(am, are, is)＋場所 .〉**で**「…は～にいる[ある]」**の意味。(2)形容詞は名詞の前において〈形容詞＋名詞〉の形で使われるほかに, **〈主語＋ be 動詞＋形容詞 .〉**の形で使われることもある。

No. 08 Is he ～? / He is not ～.

❶ (1) Is　(2) isn't　(3) Is / she
(4) Is / he
❷ (1) she / She's　(2) isn't / He's
❸ (1) is not　(2) Is　(3) Is
❹ (1) Is she from Canada?
(2) My uncle isn't [is not] in Sendai

解説　❶ (1)(2)主語に合わせて Is, isn't を使う。(3) Ms. は女性に対する敬称なので, 答えの文は she でうける。(4) that boy（あの少年）は答えの文では he でうける。
❷ (1)(2) Yes, No で答えたあとに, She's ～. や He's ～. で説明の文が続く形。
❸ 疑問文は is を主語の前に出し, 否定文は is のあとに not を入れる。
❹ (1)疑問文は is を she の前に出して **Is she ～?** の形にする。

No. 09 What is ～? / Who is ～?

❶ (1) What is　(2) Who is
(3) What's　(4) Who's
❷ (1) ウ　(2) エ　(3) ア　(4) イ

ANSWERS

❸ (1) What is　(2) Who is
❹ (1) What's [What is] this?
(2) Who's [Who is] that woman?

解説　❶ (1)(3)物について「何ですか」とたずねるときは **what** を使う。(2)(4)人について「だれですか」とたずねるときは **who** を使う。
❷ (1)(3) Is ～? には Yes, No で答える。
(2) What ～? には「何であるか」，(4) Who ～? には「だれであるか」を答える。**Yes, No は使わない**。
❸ (1)「それは何ですか。」で What を使う。
(2)「彼はだれですか。」は Who is he? で表す。
❹ (1)「これは何ですか。」で what，(2)「あの女性はだれですか。」で who を使う。

No. 10 まとめテスト①

❶ (1) I am　(2) Are you　(3) is
(4) This is　(5) He is　(6) Is
❷ (1) Yes, is　(2) Who is
(3) I'm not　(4) What's
❸ (1) Are you a junior high school student?
(2) What's [What is] this?
(3) I'm [I am] not from China.
(4) Who's [Who is] that boy?

解説　❶「～です」は **am, are, is** を主語によって使い分ける。「～ですか」とたずねる文は am, are, is を**主語の前に**出す。
❷ (2)「彼女は私の妹です。」と答えているので，**Who is ～?**（～はだれですか）。(4)「あなたの大好きな教科は何ですか，純。」「理科です。とてもおもしろいです。」
❸ (1)「～ですか」とたずねる文は am, are, is を主語の前に出す。(2)「～は何ですか」は What is ～？ (4)「～はだれですか」は Who is ～？

No. 11 I like ～. / You play ～.

❶ (1) live　(2) run　(3) know　(4) study
(5) go　(6) help　(7) use　(8) come
❷ (1) like / play　(2) have　(3) play
(4) have　(5) speak　(6) walk
❸ (1) I watch TV after dinner.
(2) You play baseball well.

解説　❷ (1)「(楽器を)演奏する」は **〈play the ＋楽器名〉** で表す。(4)「友だちがいる」は have を使って表せる。(6) **walk to ～** で**「歩いて～へ行く」**。
❸ (1)「テレビを見る」は **watch TV**。「夕食後に」は **after dinner**。(2)「あなたはじょうずに野球をします。」という文に。「(スポーツを) する」は **〈play ＋スポーツ名〉** で表す。

No. 12 Do you ～?

❶ (1) Do / do　(2) Are / am
❷ (1) Do, study　(2) Do, go
(3) Do, play / do
❸ (1) you / do　(2) No, don't
❹ (1) Do you have a pet?
(2) Do you clean your room every day?

解説　❶ (1)一般動詞(know)の疑問文で **Do ～?**　(2) be 動詞(are)の疑問文で **Are ～?**
❷ いずれも一般動詞の疑問文で，**Do ～?** の形。(3) **Do ～?** には do を使って答える。
❸ 一般動詞の会話文。答えは **Yes, ～ do.** か **No, ～ don't.** の形になる。(2)「あなたは歩いて学校へ行きますか。」「いいえ，ちがいます。私は自転車で学校へ行きます。」
❹ どちらも一般動詞の文だから，疑問文は **〈Do you ＋動詞 ～?〉** の形になる。

No. 13 I don't ～. / You don't ～.

❶ (1) don't　(2) aren't　(3) not
(4) don't
❷ (1) do not　(2) I don't
(3) don't use　(4) don't play
❸ I don't know your name.

ANSWERS

❹ (1) I don't [do not] watch TV on weekends.
(2) I'm [I am] not a high school student.

解説 ❶ (1)(4)一般動詞の否定文で，**〈don't ＋動詞〉**の形。(2)「あなたはいそがしくありません。」で，be動詞の否定文。
❷ 一般動詞の否定文は，主語がIでもyouでも**don't[do not]**を使う。
❸ **〈主語＋ don't ＋動詞 ～.〉**の語順に。
❹ (1) **〈don't ＋一般動詞〉**，(2) **〈be動詞＋ not〉**の形にする。

No. 14 What do you ～?

❶ (1) is (2) do (3) What
❷ (1) What, do (2) do, study
(3) do, do (4) What do, watch
❸ What do you have in your bag?
❹ (1) What do you do after school?
(2) What do you have for breakfast?

解説 ❶ (1)「あれは何ですか。」「学校です。」で，be動詞の会話文。(2)「あなたは何が好きですか。」「テニスが好きです。」で，一般動詞の会話文。(3)「あなたは何がほしいですか。」「新しい自転車がほしいです。」で，「何が」のWhat。
❷ (1) Whatのすぐあとに名詞がくると，Whatは**「何の」**の意味を表す。(3)**「する」**の意味の動詞は**do**。疑問文を作るときなどに使うdoと**区別する**。
❸「～の中に何を入れているか」は「～の中に何を持っているか」のように考える。
❹ (1) What do you doで「あなたは何をしますか」。**youの前のdo**は疑問文を作るときに使うdoで，**youのあとのdo**は「する」という意味の一般動詞。(2)この文のhaveは「食べる」の意味。for breakfastは「朝食として」の意味。

No. 15 まとめテスト②

❶ (1) I have (2) Do, speak
(3) walk (4) don't like
(5) watch (6) Do, get
❷ (1) Do you / do (2) do / I have
(3) Do / I don't
❸ (1) Do you clean your room
(2) I don't [do not] play the guitar.
(3) What (subject) do you study
❹ Do you come to school by bus?

解説 ❶ (1)「(兄弟などが) いる」は**have**を使う。(3) walk to schoolで「歩いて学校へ行く」。(5) watch TVで「テレビを見る」。(6) get upで「起きる」。
❷ (1)「あなたは日本の食べ物が好きですか，アン。」「はい，好きです。私はよく，すしを食べます。」で，一般動詞の会話文。(2)「あなたは何を手に持っていますか，健。」「ラケットを持っています。」(3)「あなたはこの歌を知っていますか，真紀。」「いいえ，知りません。でも好きです。」
❸ (1)疑問文はDo you ～? の形。(2)否定文は動詞の前にdon't[do not]を入れる。(3) Whatを文頭におき，あとは一般動詞の疑問文の形。
❹「学校へ来る」は**come to school**。「バスで」は**by bus**。

No. 16 What time[day] ～? など

❶ (1) time, it (2) What, do
(3) day, it (4) What's, date
❷ (1) What day (2) What time
(3) What time (4) What's the
❸ (1) What time is it in Japan
(2) What time do you have [eat] breakfast?

解説 ❶ (1)(2)「時刻」は**What time**，(3)「曜日」は**What day**，(4)「日付」は**What's the date**でたずねる。
❷ 答えの文から問いの文を判断する。(1)「金曜日です。」→**「何曜日？」**でWhat day ～?

ANSWERS

(2)「3時45分です。」→**「何時？」**でWhat time ～?　(3)「たいてい6時30分に起きます」→**「何時に？」**でWhat time ～?　(4)「9月16日です。」→**「何月何日？」**で，What's the date ～?

❸ (1)「何時ですか。」はWhat time is it?で表す。「日本では」はin Japan。(2)〈What time＋一般動詞の疑問文?〉の形。

No. 17 Where ～? / When ～?

❶ (1) Where is　(2) Where do
(3) When is　(4) When do

❷ (1) Where do　(2) When do
(3) Where is

❸ (1) Where is [Where's] she from?
(2) Where do you practice tennis?
(3) When do you watch TV?

解説　❶ (1)「～はどこにあるか」はWhere is ～?　(2)「どこで～するか」はWhere do ～?　(3)「～はいつか」はWhen is ～?　(4)「いつ～するか」はWhen do ～?

❷ (1)「教室で食べる」→「どこで食べるか」で**Where**。(2)「水曜日と土曜日に行く」→「いつ行くか」で**When**。(3)「あそこにいる」→「どこにいるか」で**Where**。

❸ (1)「どこの出身か」はWhere is ～ from?
(2)「どこで～するか」はWhere do ～?　(3)「いつ～するか」はWhen do ～?

No. 18 How ～?

❶ (1) How do　(2) How is
(3) How long
(4) How [What] about

❷ (1) How old　(2) How much
(3) How　(4) How

❸ (1) How old is his school?
(2) How do you come to school?

解説　❶ (1)「どんなふうに」とやり方などをたずねるときは**How**で始める。(2)天候をたずねるときはHow is[How's] the weatherを使う。(3)ものや時間の長さは**How long ～?**　(4)「～はどうですか」はHow[What] about ～?

❷ (1)年齢をたずねる文で**How old ～?**　(2)値段をたずねる文で**How much ～?**　(3)健康状態をたずねる文でHow is[are] ～?　(4)**「～はどう言いますか」**は**How do you say ～?**の形でたずねる。

❸ (1)「創立何年ですか」は「どのくらい古いのですか」と考え，**How old ～?**でたずねる。
(2)「どうやって」はHow ～?。

No. 19 Which ～? / Whose ～?

❶ (1) Which　(2) Whose / Tom's
(3) Which　(4) Whose / mine

❷ (1) Whose, is　(2) Which is
(3) Whose, is　(4) Which do

❸ (1) Whose guitar is that?
(2) Which is your car?

解説　❶ (1)「どちらの」は**Which**，(2)(4)「だれの(もの)」は**Whose**，(3)「どちら」は**Which**。

❷ (1)「これはだれのコンピューターですか。」「私の父のです。」の会話で，Whose。(2)「どちら[どれ]があなたの犬ですか。」「あの小さいのです。」の会話でWhich。(4)「ケーキとアイスクリームではどちらがほしいですか。」「アイスクリームがほしいです。」でWhich。

❸ (1) Whose guitarで始め，そのあとはis thatと疑問文を続ける。(2)「どちらが～ですか」はWhich is ～?

No. 20 まとめテスト③

❶ (1) What　(2) How　(3) What
(4) much　(5) How　(6) What
(7) mine　(8) father's

❷ (1) Whose, is　(2) When
(3) How do　(4) Where is
(5) What time　(6) How much
(7) What

解説　❶ (1)「何をするか」　(2)「どうやって来

ANSWERS

るか」(3)「何曜日なのか」(4)「このシャツはいくらか」(5)「天気はどうなのか」(6)「名前は何か」(7)「私のもの」(8)「私の父のもの」

❷ (1)「あれはだれの車ですか。」「私の兄のです。」(2)「あなたはいつテレビを見ますか。」「ふつう夕食後にテレビを見ます。」(3)「京都はいかがですか。」「とても気に入っています。」(4)「あなたのお母さんはどこにいますか。」「台所にいます。」(5)「ロンドンは何時ですか。」「午後3時です。」(6)「このノートはいくらですか。」「200円です。」(7)「あなたは朝食に何を食べますか。」「たいていトーストを食べます。」

No. 21 名詞の複数形／冠詞

❶ (1) boys (2) oranges (3) students (4) cities (5) countries (6) buses

❷ (1) a (2) The (3) an

❸ (1) two brothers (2) three, classes (3) any, friends (4) some books

❹ (1) I want a [one] new ball.
(2) I have two big [large] boxes.

解説 ❷ (1)単数の名詞には **a** をつける。(2)前に出た名詞について「その～」というときは **the** をつける。(3)名詞が母音で始まるときは，a ではなく **an** をつける。

❸ (3)「何人か(の)」は**疑問文では any** を使う。あとの名詞は複数形。(4)「数冊の」は some を使う。あとの名詞は複数形。

❹ (1)「1つのボール」は a ball。「新しい」のように形容詞がつく場合は，a new ball（1つの新しいボール）のように**冠詞→形容詞**の順にする。(2) box の複数形は es をつける。

No. 22 How many ～?

❶ (1) How, brothers (2) many cats (3) How many cars

❷ (1) How many (2) many sisters

❸ (1) How many comic books do you have?
(2) How many bags do you need?

❹ (1) How many pencils do you have?
(2) How many dogs do [can] you see?

解説 ❶「何人，いくつ」などと数をたずねるときは，how many を使う。how many のあとの名詞は**複数形**になる。

❷ どちらも数を答えているので，How many ～? で数をたずねる疑問文にする。(1)「あなたはうで時計をいくつ持っていますか。」「2つ持っています。」(2)「あなたには姉妹は何人いますか。」「私には1人の姉[妹]がいます。」

❸〈How many ＋複数名詞〉のあとは，do you have[need]のように，**一般動詞の疑問文の形**を続ける。

❹ **〈How many ＋複数名詞＋ do you ～?〉**の形で数をたずねる疑問文にする。

No. 23 We [You / They] are ～.

❶ (1) are (2) students (3) These (4) they

❷ (1) We are (2) are, friends (3) They are

❸ (1) we are (2) they don't

❹ (1) We're [We are] from Japan.
(2) They're [They are] scientists.

解説 ❶ (1) Ken and I は2人なので複数。**主語が複数**のとき，be 動詞は **are**。(2)主語が複数のときは，be 動詞のあとにくる名詞も**複数形**になる。(3) be 動詞が are で，あとの名詞も pencils と複数形なので，主語は These。この these（これら）は this の複数形。(4) Yuki and Mari は複数なので，they(彼女たちは)でうける。

❷ (1) **「私たちは～にいます」**は **We are ～.** (2)主語が複数なので「～です」は are を使い，あとの名詞も複数形にする。

❸ (1) students と複数形になっているので，このyou は複数の「あなたがたは」。したがって，答えの文では we(私たちは)でうける。(2)問いの文

ANSWERS

の Emi and Judy は答えでは they でうける。

❹ (2) **〈複数の主語＋ are ＋名詞の複数形 .〉**の形にする。scientists のように複数形にするのだから，a は不要。

No. 24 Use ～. / Be ～.

❶ (1) Stand (2) Please sit (3) Listen
(4) Clean (5) Please play
(6) Be (7) Open, please
(8) Please use

❷ (1) Look at that house.
(2) Open your books to page 10.

❸ (1) Speak English (2) Be kind to
(3) Please write your name
(4) Be careful

解説 ❶ 命令文は，**動詞の原形**で文を始める。「～してください」と命令の調子をやわらげるときは，文頭か文末に **please** をつける。

❷「～しなさい」の文は主語がなく，動詞の原形で文を始める。(1)「～を見る」は look at ～。

❸ (2) be 動詞の命令文は**原形の be** を使う。be kind to ～で「～に親切にする」。kind は nice でもよい。

No. 25 Don't ～. / Let's ～.

❶ (1) Don't use (2) Let's play
(3) Don't open, please
(4) Let's go

❷ (1) Don't open the window.
(2) Let's talk in English.

❸ (1) Don't speak Japanese here.
(2) Let's play video games at [in]
(3) Let's have [eat] lunch here.
(4) Please don't speak [talk]

解説 ❶ (1) **「～しないで」**は**〈Don't＋動詞 ～.〉**の形。(2) **「～しよう」**は**〈Let's＋動詞 ～.〉**の形。(3)「～しないでください」とていねいに言うときは，文頭か文末に please をつける。(4) go shopping で「買い物に行く」。

❷ (2)「英語で」は **in English**。

❸ (1)「～してはいけない」の文だから，Don't で文を始める。(2)(3) Let's で文を始める。

No. 26 まとめテスト④

❶ (1) a [one] (2) brothers
(3) are students (4) Study
(5) Be (6) Don't
(7) Let's (8) many

❷ (1) we are (2) they are
(3) How many

❸ (1) Do you have any sisters?
(2) Be kind to your friends.
(3) Don't run in the room.
(4) Let's go to the park after school.

解説 ❶ (1)「1つの」という単数を表すときは名詞に **a** をつける。(2) two のあとだから**複数形**に。(3)主語が複数だから **are** を使い，あとの名詞は**複数形**。(4)命令文。動詞で文を始める。(5) be 動詞の命令文。**原形の be** を使う。(6)「～してはいけない」は Don't で始める。(7)「～しましょう」は Let's で始める。(8)数をたずねる文は How many ～? の形。

❷ (1)「あなたと健は」を1語で表すと「あなたがたは」の you だから，答えでは「私たちは」の we でうける。(2)「リサとアンディーは」は「彼らは」だから，they でうける。(3)「そうですね，約30冊です。」のように数を答えているので，How many ～? の問いにする。

❸ (1)「姉妹がいますか」は Do you have のあとに **any sisters** を続ける。(2) **〈Be ＋形容詞～.〉**で「～しなさい，～になりなさい」の意味。
(3)〈Don't ＋ 動 詞 ～.〉で「～しないで」。(4)〈Let's ＋動詞 ～.〉で「～しよう」。

ANSWERS

No. 27 代名詞

❶ (1) our (2) her (3) hers (4) His
(5) yours

❷ (1) him (2) Her (3) Its (4) her

(5) Their
❸ (1) us (2) you
❹ (1) mine (2) theirs

解説 ❶ (1)「私たちの新しい英語の先生」で，所有格の our。(2) know の目的語になるので，目的格の her。(3)「あの本は彼女のものではない」で hers。(4)「彼の授業」で，所有格の his。(5)「健，このペンはあなたのものです。」で yours。
❷ (1)(4)**動詞の目的語**になるので**目的格**に。(2)(3)(5)**名詞の前**なので**所有格**に。(3) it の所有格は its（それの）。
❸ 代名詞が**前置詞**(with, for など)**のあと**にくる場合は，**目的格**にする。
❹ (1)「これは私のコンピューターです。」→「このコンピューターは私のもの(mine)です。」
(2)「これらは彼らのボールです。」→「これらのボールは彼らのもの(theirs)です。」

No. 28 He likes ~. / She has ~.

❶ (1) likes (2) lives (3) play (4) come
❷ (1) speaks (2) has (3) goes
(4) studies
❸ (1) has (2) runs (3) gets
(4) watches
❹ Ms. Green teaches English.

解説 ❶ (1)(2)主語が**3人称単数**のとき，一般動詞は**語尾に(e)s**がついた形になる。(3)(4)主語が複数のときは，もとの形のまま。
❷〔 〕内の語はいずれも動詞。主語が3人称単数なので，(e)s のついた形にする。(2) have は **has**。(3) go は **es** をつける。(4) study は **y を i にかえて es** をつける。
❸ (1)「姉がいる」は have を使って表すが，主語が3人称単数なので has に。(2)「走る」の run を主語に合わせて runs に。(3)「起きる」の get up を gets up にする。(4)主語と動詞の間に often があっても動詞の形は**主語に合わせて** watches に。
❹ 主語が3人称単数なので teaches。

No. 29 Does he ~?

❶ (1) Does (2) Is (3) Do
(4) Does, use
❷ (1) Does, have (2) Does, know
(3) Does, watch
❸ (1) doesn't / teaches (2) has
❹ (1) Does Nick study science every day?
(2) Does Ms. Oka speak English and Chinese?

解説 ❶ (1)主語が3人称単数のときの一般動詞の疑問文は **Does** を使う。(2) be 動詞の疑問文。(3)主語が you なので Do。(4) Does を使ったら，動詞は必ず**原形**になる。
❷ いずれも疑問文で主語が3人称単数だから Does を使い，動詞は原形になる。
❸ (1) Does ~? には **Yes** なら **does** を，**No** なら **doesn't[does not]**を使って答える。あとの文の動詞は主語に合わせて teaches。(2)問いの文の動詞は原形の have だが，主語に合わせて答えは has になる。
❹ 主語が3人称単数だから，疑問文は〈Does＋主語＋動詞の原形 ~?〉の形になる。

No. 30 He doesn't ~.

❶ (1) doesn't (2) don't (3) come
(4) isn't
❷ (1) doesn't have (2) like, doesn't
(3) doesn't speak
❸ (1) doesn't have a hospital
(2) My mother doesn't cook dinner
❹ She doesn't [does not] have a computer [any computers].

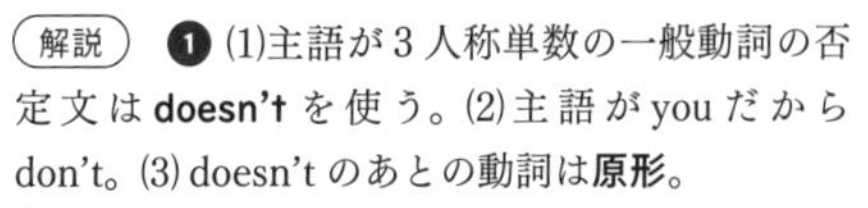

解説 ❶ (1)主語が3人称単数の一般動詞の否定文は **doesn't** を使う。(2)主語が you だから don't。(3) doesn't のあとの動詞は**原形**。
❷ (1)主語が3人称単数だから doesn't を使い，動詞は原形の have にする。(2)最初の文は主語が I だから like のまま。

ANSWERS

❸ 否定文だから doesn't を動詞の前におく。
❹ 主語が3人称単数の一般動詞の否定文は**〈主語＋ doesn't ＋動詞の原形 ～.〉**の形。

No.31 I can ～./Can you ～?

❶ (1) can (2) can (3) come
❷ (1) can play (2) can speak
(3) Can, play / can't [cannot]
(4) can't [cannot] use
❸ can play tennis(,) but he can't play soccer
❹ (1) Can you read English?
(2) She can't [cannot] write e-mails.

解説 ❶ **〈can ＋動詞の原形〉**は「～できる」の意味。
❷ can は主語が何であっても形は変わらない。また，can のあとの動詞は**原形にする**。
❸ A, but B で「A しかし B」の意味。
❹ (1) can の疑問文は can で文を始める。
(2) can の否定文は cannot を動詞の前に入れる。短縮形は can't。

No.32 許可・依頼を表す can

❶ (1) You can (2) Can I
(3) Can you
❷ (1) Can / Of (2) Can / can't
❸ (1) Can I sit here?
(2) Can you read this book?
❹ (1) Can I open the window(s)?
(2) Can you open the door (for me)?

解説 ❶ (1) **can** は「～できる」のほかに**「～してもよい」**の意味を表す。(2)「～してもいいですか」は **Can I ～?** (3)「～してくれますか」は **Can you ～?** の形で表す。
❷ (1) Can I ～? (～してもいいですか) に「もちろん」と答えるときは，**Of course.** (2) Can you ～? (～してくれますか) に断るときは，**Sorry, I can't.** (すみませんが，できません。) などと言って，そのあとに断る理由を言うのがふつう。can't は cannot でもよい。
❸ (1)〈Can I ＋動詞の原形 ～?〉の形。
(2)〈Can you ＋動詞の原形 ～?〉の形。
❹ (1)「～してもいいですか」と相手に許可を求めるときは，Can I ～? を使う。(2)「～してくれますか」と相手に頼むときは Can you ～? を使う。

No.33 まとめテスト⑤

❶ (1) plays (2) use (3) Does (4) me
❷ (1) has (2) studies
(3) Can, speak / can
(4) Can, play / can't [cannot] / play
(5) doesn't have
❸ (1) Yumi comes to school by bike.
(2) You can use my desk.
(3) What sports can he play?

解説 ❶ (2) can't のあとの動詞は原形。(4)「私を手伝ってもらえますか。」
❷ (1)「友だちがいる」は have を使うが，主語に合わせて has。(2)動詞の前に usually があるが，主語が3人称単数なので studies にする。(4) can の文では疑問文，否定文のいずれも動詞は原形。
❸ (3) What sports で文を始めて，そのあとは can の疑問文を続ける。

No.34 He is studying ～.

❶ (1) studying (2) listening
(3) are watching
❷ (1) using (2) having (3) running
❸ (1) am washing (2) are reading
(3) are talking (4) I'm helping
❹ (1) She's [She is] writing a letter.
(2) He's [He is] swimming in the sea.

解説 ❶ いずれも**〈be 動詞＋動詞の ing 形〉**の形で「～している」という現在進行形の文。
(3) Judy and Bill は複数なので are。
❷ 前に be 動詞があるので動詞を ing 形にして現

在進行形の文に。(1) use と(2) have は e をとって ing，(3) run は n を重ねて ing をつける。
❸「(今)～しています」という文は，現在進行形〈be 動詞＋動詞の ing 形〉で表す。
❹ どちらも「(今)～しています」という文。現在進行形で表す。(1) write は e をとって ing，(2) swim は m を重ねて swimming。

No. 35 Is he studying ～?

❶ (1) Are (2) isn't (3) running
❷ (1) Are, studying / am / studying
(2) Is, doing / is / watching
❸ (1) Are you having dinner?
(2) It's not raining in Tokyo.
❹ (1) Is Jim driving a car?
(2) I'm [I am] not taking a bath.

解説 ❶ (1)あとに動詞の ing 形があるので **〈be 動詞＋主語＋～ing …?〉** の現在進行形の疑問文。(2)同じく動詞の ing 形から，現在進行形の否定文で，**〈isn't ＋～ing〉**。(3) Is があるので現在進行形の疑問文。
❷「～していますか，しているところですか」は現在進行形の疑問文で，〈be 動詞＋主語＋動詞の ing 形 …?〉の形。答え方はふつうの be 動詞の文の場合と同じ。
❸ (1)現在進行形の疑問文なので，are が主語の前に出た形になる。(2)現在進行形の否定文で It's not raining. の形。天候を表す文の主語は it。
❹ (1)現在進行形の疑問文は，be 動詞で文を始める。(2)現在進行形の否定文は，be 動詞のあとに not を入れる。

No. 36 What is[are] ～ doing?

❶ (1) are, doing (2) is, doing
(3) What's, reading
❷ (1) Are / are, doing
(2) I'm [We're] eating (3) Who
❸ (1) What are they practicing
(2) Who is running in

解説 ❶ (1)(2)「(今)何をしていますか」とたずねる文は **〈What is[are]＋主語＋ doing (now)?〉** の形を使う。doing は「する」という意味の動詞 do の ing 形。
❷ (1)最初は現在進行形の会話文で，〈be 動詞＋主語＋～ing …?〉の問いに，be 動詞を使って答える。(3)疑問詞の Who が主語になっている文。
❸ (1)「何を～しているのですか」は〈What ＋ be 動詞＋主語＋動詞の ing 形 …?〉の形。(2)疑問詞が主語になっている文で，Who のすぐあとに〈is ＋動詞の ing 形〉が続く。

No. 37 want to ～ / like ～ing

❶ (1) to join (2) to play (3) watching
(4) cooking
❷ (1) want to (2) cooking [making]
(3) good at playing
❸ (1) to (2) good at
❹ (1) I don't [do not] like singing [to sing] English songs.
(2) What do you want to be in the future?

解説 ❶ (1)(2) **「～したい」** は **〈want to ＋動詞の原形〉**。(4) **「～するのが得意だ」** は **〈be 動詞＋ good at ＋動詞の ing 形 …〉**。
❷ (2)「～することを練習する」は **〈practice ＋動詞の ing 形 …〉**。
❸ (1) A の「夕食後に映画を見ませんか。」という誘いを B は断り，その理由として「サッカーの試合が見たい」と述べている。
❹ (2) **「～になりたい」** は **want to be ～**。「何になりたいですか」は What を使った疑問文で表す。

No. 38 まとめテスト⑥

❶ (1) watching (2) doing (3) to eat
(4) listening
❷ (1) studying (2) want to
(3) Are, using / aren't
(4) doesn't, swimming
(5) is good at

(6) Are, helping / am / washing

❸ (1) She's [She is] writing an e-mail.

(2) I want to play soccer after school.

解説 ❶ (1)「彼はテレビでサッカーの試合を見ています。」(2)「健は今，宿題をしていますか。」(3)「私は昼食にピザが食べたいです。」(4)「私はひまな時に音楽を聞くのが好きです。」
❷ (1)「(今)〜しています」は **〈be 動詞＋動詞の ing 形〉** の形。(3)(6)「(今)〜していますか」は **〈be 動詞＋主語＋動詞の ing 形 …?〉** の形。(5)「〜するのが得意だ」は **〈be 動詞＋ good at ＋動詞の ing 形 …〉**。
❸ (1)現在進行形の She is writing 〜. に。(2)「〜したい」は **〈want to ＋動詞の原形 …〉**。

No. 39 I played 〜.（規則動詞）

❶ (1) helped (2) used (3) carried (4) stopped (5) closed (6) liked

❷ (1) played (2) studied (3) lived

❸ (1) watched (2) called (3) visited (4) stayed

❹ (1) He played baseball with his friends yesterday.

(2) Bob walked in the park last Sunday.

解説 ❷ (1) last 〜，(2) yesterday，(3) 〜 ago はいずれも過去を表すので，動詞を過去形にする。(2) study の過去形は studied。(3)「私のおじは2年前アメリカに住んでいました。」live の過去形は lived。
❸「〜しました」という過去の文なので，動詞の過去形を使う。(1) **「テレビで〜を見る」** は **watch 〜 on TV**。
❹ (1)「きのう」とあるので，過去の文にする。play の過去形 played を使う。(2)「この前の日曜日」とあるので，過去の文に。walk の過去形 walked を使う。

No. 40 I went 〜.（不規則動詞）

❶ (1) saw (2) ran (3) wrote (4) said (5) found (6) thought

❷ (1) went (2) made (3) saw

❸ (1) got (2) went (3) took (4) came [got]

❹ (1) I did my homework before dinner yesterday.

(2) He had [ate] lunch at noon last Saturday.

解説 ❷ 文末に yesterday や last 〜 があるので，過去形にする。いずれも不規則に変化する。
❸ (1)「起きる」は get up。get の過去形は **got**。(2)「寝る」は go to bed。go の過去形は **went**。(3)「写真を撮る」は take pictures。take の過去形は **took**。(4)「帰って来る」は come back もしくは get back。come の過去形は **came**。
❹ (1)「きのう」とあるので，過去の文にする。do の過去形は **did**。(2)「この前の土曜日」とあるので，過去の文にする。

No. 41 Did you 〜? / I didn't 〜.

❶ (1) Did (2) didn't (3) go (4) have

❷ (1) did / had (2) didn't / came [got] (3) lived

❸ (1) Did he watch TV yesterday?

(2) It didn't rain last week.

❹ (1) Did Mari get up late this morning?

(2) Yoshio didn't [did not] study English last night.

解説 ❶ (1)過去の疑問文は did を使う。(2)過去の否定文は didn't を使う。(3)(4)過去の疑問文や否定文では，動詞は原形になる。
❷ (1)(2) Did 〜? には **Yes, 〜 did.** か **No, 〜 didn't [did not].** で答える。そのあとに続く説明の文では，動詞は過去形になる。(1) have a good time で「楽しく過ごす」。(3)「あなたはロンドンにどれくらい住んでいましたか。」「3年間住んでいまし

た。」の会話で，過去形の lived が入る。

❸ (2)天候を表す文では，it を主語にする。

❹ (1)「起きる」は get up。過去の疑問文は Did で文を始め，動詞を原形にする。(2)過去の否定文は didn't を使い，動詞を原形にする。

No. 42 be動詞の過去形

❶ (1) was (2) were (3) was

❷ (1) got / was (2) wasn't
(3) Were / was

❸ (1) did / was (2) was

❹ (1) I wasn't [was not] good at cooking.
(2) The bag was very expensive.

解説 ❶ be 動詞の過去形は，主語によって was と were を使い分ける。

❷ (2) be 動詞の過去の否定文。(3) be 動詞の過去の疑問文。**Was/Were で文を始める。**

❸ (1) B の応答は，一般動詞の過去の疑問文であることに注意。did を使う。(2)**「～はどうでしたか」**は how を使って **How was ～?** のようにたずねる。〈be 動詞＋ sick in bed〉は「病気で寝ている」。

❹ (1)**「～することが得意だ」**は **〈be 動詞＋ good at ＋動詞の ing 形…〉**。これを過去の否定文にして表す。

No. 43 過去進行形

❶ (1) reading (2) cooking (3) had

❷ (1) was walking (2) wasn't listening
(3) Were, doing

❸ (1) was taking (2) were you / was

❹ (1) I was having [eating] breakfast
(2) Were they watching a [the] baseball game on TV

解説 ❶ (1)(2)過去のある一時点に**「～しているところだった」**という文は**〈be 動詞の過去形＋動詞の ing 形 …〉の過去進行形**で表す。(3)過去に「～した」という文は，動詞の過去形で表す。

❸ (1)**「ふろに入る」＝take a bath**。テレビ番組の放送時間には「ふろに入っているところだった」という文なので，過去進行形で表す。(2)過去のある一時点で**「あなたは何をしているところでしたか。」**とたずねる文は，疑問詞 what を使って **What were you doing?** のように表す。

❹ (2)過去進行形の疑問文。**Was / Were で文を始める。**

No. 44 まとめテスト⑦

❶ (1) played (2) went
(3) having (4) was

❷ (1) visited, last (2) Did / did
(3) had [ate] / was
(4) did, come [get]
(5) were playing

❸ (1) I saw [watched] a soccer game last Sunday.
(2) It was sunny in Tokyo yesterday.
(3) Bob didn't [did not] study math yesterday.
(4) Kate was watching a drama at that time.

解説 ❶ (1)(2)(4)過去の文は，動詞を過去形にする。

❷ (1)「この前の～」は last ～。(2)過去の疑問文 Did ～? には，did を使って答える。(5)過去進行形の文なので，**〈was / were ＋動詞の ing 形…〉**で表す。

❸ (1)「この前の日曜日」とあるので過去の文。see の過去形は **saw**。(4)「そのとき～しているところだった」という過去進行形の文で表す。「ドラマを見る」は watch a drama。「そのとき」は **at that time**。

No. 45 前置詞・接続詞・副詞

❶ (1) but (2) by (3) well (4) at
(5) or (6) early (7) with (8) on

❷ (1) and, are (2) or

ANSWERS

(3) have only [only have]　(4) like
(5) usually, before　(6) or　(7) so

解説　❶ (1)「私は犬が好きだが，美紀は犬が好きではない」。**「しかし，～だが」**の意味の **but**。(2) by bus で「バスで」。(3) very well で「とてもじょうずに」。(4)〈at＋時刻〉。(5)〈A か B か〉で or。(6)「早く起きる」で early。(7) help ～ with … で「～の…を手伝う」。(8)〈on＋曜日＋afternoon(s)〉。
❷ (1)「～と…」は and。主語が複数のとき，「～です」は are。(2)「それとも」は or。(3) **have only ～, only have ～**で**「～しかない」**。(4)「～のように」は**前置詞 like** を使う。(5)「たいてい」は usually で一般動詞の前におく。(6) **not ～ A or B** で**「A も B も～ない」**。(7)「だから」は so。

No. 46 会話表現

❶ (1) Hello, this is　(2) There are
(3) like to　(4) sorry, know
❷ (1) goes / Take　(2) about / much
(3) For / or / Here you

解説　❷ (1)女性「すみません。どのバスが市役所へ行きますか。」
明「2番のバスに乗ってください。」
(2)健「赤色のぼうしはありますか。」
店員「はい。これはいかがですか。」
健「気に入りました。いくらですか。」
店員「20ドルです。」
(3)舞「コーラを1つください。」
店員「こちらでお召し上がりですか，それともお持ち帰りですか。」
舞「ここで飲みます。」
店員「大ですか，それとも小ですか。」
舞「小をください。」
店員「はい，どうぞ。」
舞「ありがとうございます。」

No. 47 総復習テスト①

❶ (1) Are　(2) mine　(3) played
(4) Does　(5) to eat　(6) walking
(7) did
❷ (1) classes　(2) studying
(3) watching　(4) him　(5) having
❸ (1) yours　(2) Are you
(3) swimming　(4) is running
(5) didn't do
❹ (1) Yes, I　(2) How many
(3) What day　(4) When
❺ (1) I'm not a baseball fan.
(2) Do you have any brothers?
(3) Let's play soccer after school.
(4) He is good at singing.
(5) What are you doing now?
❻ (1) Don't open the door.
(2) What do you have [eat] for breakfast?
(3) It was sunny in Tokyo yesterday.

解説　❶ (1)「健と由美は親友ですか。」で be 動詞の疑問文。主語が複数なので Are。(2)持ち主をたずねているので，mine（私のもの）。
(3) last ～ から過去形の played。(4)主語が3人称単数の一般動詞の現在の疑問文。(5)〈want to＋動詞の原形〉で「～したい」。(6) She's＝She is。〈be 動詞＋動詞の ing 形〉で，現在進行形の文。
(7)疑問詞で始まる過去の疑問文。
❷ (1)複数形に。s で終わる語なので es をつける。(2)過去進行形。(3)現在進行形の疑問文。(4)動詞の目的語なので目的格。(5)現在進行形。e をとって ing をつける。
❸ (1)「あなたのもの」は yours。(3)「～することが好きだ」は like ～ing。その否定文。(4)現在進行形。running のつづりにも注意。(5)一般動詞の過去の否定文は didn't を使い，動詞は**原形の do** にする。
❹ (3)「何曜日ですか」は What day ～?　(4)「火曜日と金曜日に」→「いつ？」なので when を使う。

ANSWERS

❺ (2)「(兄弟などが) いる」は have を使う。(5)「する」は動詞 do。現在進行形の文なので doing に。
❻ (1) **「～してはいけない」** は **〈Don't ＋動詞の原形 ～.〉**。(3)天気を言うときは it を主語に。過去の文なので was を使う。

No. 48 総復習テスト②

❶ (1) doesn't (2) don't / Who
(3) are (4) Which is
(5) What time (6) When (7) How
❷ (1) Did you have lunch with Mike?
(2) He's not using the computer.
(3) Koji can swim very fast.
(4) How does she come to school?
❸ (1) are, students (2) Look at
(3) but, isn't (4) I'm talking
(5) How, in (6) Were, late
(7) How long
❹ (1) I watched a soccer game on TV last Sunday.
(2) What were you doing at eight last night?
(3) Can I go to [visit] your house after school?
(4) Who can play the guitar in your class?

解説 ❶ (2)「あの少女を知っていますか。」「いいえ，知りません。彼女はだれですか。」「由美の姉[妹]です。」(3)「はい，どうぞ。」(4)「どちら[どれ]があなたのかばんですか。」「あの黄色いのです。」(5)時刻を答えているので What time ～ ?。(6)「あなたはいつピアノを練習しますか。」「日曜日の午前中です。」(7)「今日の天気はどうですか。」で How を使う。
❷ (1)過去の疑問文なので Did で始め，原形の have を使う。(2) He's＝He is の短縮形。現在進行形の否定文なので，He's not に。(3) can のあとは動詞の原形。(4)「どのように」は How ～ ?
❸ (1)主語が複数なら be 動詞は are を使い，あとに続く名詞は複数形。(6)「～に遅れる」は be late for ～。be 動詞の過去の疑問文。
❹ (1)「テレビで～を見る」は watch ～ on TV。(2)「あなたは何をしていましたか」は What were you doing? (3)「～してもいいですか」は Can I ～? (4) Who が主語になる文。

ANSWERS